E Mirouer du mon
de nouvellement im
prime a. Genesve. par Francois Bussergault

1517.

Ensuit la table de ce present liure intitule le mirouer du monde contenant trois parties.

responſe platon.

ℂ Cy finiſt la table de ce preſent liure.

℃ Prologue.

Onſiderant moy
eſtant en aucun loiſir et liber‑
te/En lā de grace ſMil Cinq
cens et qnatorze. Cōme par
leſpace de trente quatre ans ꞇ
plus.ſMagnifique ꞇ puiſſant ſeigneur/ſMeſ
ſire anthoine de gingins ſeigneur de diuōne/
premier preſident en ſauoye/Auoit touſiours
employe ſon temps/ſa force ꞇ virilite/au bien
et prouffit de la choſe publicque/en erploutz
de iuſtice/ꞇ cōtinuel ſeruice de ſes treſredoub
tez ſeigneurs et princes. Philibert. Charles.

Charles Jehaname. philippe. et philibert.
Jadis succeſſiuemét oncz de ſauoye/que dieu
abſoille. Et maintenant de treſhault/Treſ/
puiſſant/et Treſexcellét prince môſeigneur
le duccharles apreſent duc de ſauoye ſecond
de ce nom/Auquel dieu par ſa grace doit treſ/
bône et lôgue vie et proſperite/Et que ces an
nees paſſees pour quelzques debilitations de
ſes membres /et auſſi pour ſon ancien aage.
par le bon congie de ſonô prince/ſeigneur et
maiſtre / deſirant demployer le demourant
de ſes iours au ſeruice de dieu/et auoir quel/
que recreation ſpirituelle/ Seſtoit voulu reti
rer en ſa maiſon et chaſteu de diuône. Auquel
lieu/apres quelque peu de ſeiour et demeure
Illecques prins/Doyât ie frâcoys buſſereau/
ſecretaire ducal/natif de vendoſme ou dioce/
ſe de chartres/eſtant lors au ſeruice duô ſei/
gneur/que nauoye pas grâde occupation ne
ercite/telle que iauoye parauant accouſtume
dauoir auecques lui/lors quil eſtoit en court
et a lexercite de ſon office. Non voulât viure
ne demourer en oyſiuete me vonlu mectre a
veoir et viſiter pluſieurs beaulx et exquis li/
ures/traictans de pluſieurs belles et grâdes
ſciences et matieres/ Tant en latin côme en
francoys/que leô ſeigneur auoit en ſa biblio/
thecque auô lieu de diuonne/ Côme ſtrabon/
Tholomee. Leſpecule naturel de vincent.
Pline. Albumaſar. et autres. Et apres ĝ ieuz
par certain temps vacque a eſtudier en iceulx
moyénant layde de dieu/me diſpoſay de me

mectre a extraire et composer en langue galli
que t francoyse/et rediger en rime/ce present
liure intitule. Le mirouer du monde. Et pour
ce que en iceulx liures auoit plusieurs choses
a moy trop obscures et difficilles a ententen/
dre. Pour en auoir lexposicion et declaration/
ay pris adrece enuers led seigneur/lequel tres
clairement et a la verite les ma exposees t de
clairees. Et me suis incline a compiller ced li
ure/afin que ceulx qui ne sont lectrez/puissent
plus facillement sauoir et comprendre la ma
tiere de cosmographie. Geographie/et le sur
plus du contenu oud mirouer dont il traicte t
parle/quãt il leur plaira le veoir/ou oir lire/t
bien entendre/qui leur sera fort agreable/de/
lectable/vtille/et prouffitable. Priant a ceulx
quile liront (silz y trouuent faulte ou redicte)
quilz la vueillent benignement supplier et la
pardõner a mõ pouure sens t rude engin. En
la remectant a leur correction et amende/Et
silz y trouuent chose qui soit bõne et digne de
oir/quilz lactribuent a la grace de dieu /du/
quel tout bien/sont sens /et toutes bõnes pa/
rolles viẽnent et procedent / En les exhortãt
de veoir le cõmancemẽt de ced liure / et apres
ordõneement et cõsecutiuement le residu dice
lui car autrement ne leur seroit facille de len/
tendre. Lequel est diuue en trois parties/t cõ
tient cinquãte t huit chappitres et vingt huit
figures. Cõme il se verra cy apres.

Ombien que mon intention
Soit faire declaration
Dun seul et vniuersel monde
Touteffoiz par raisõ pfonde
Les philozophes anciens
Par leurs aduis et iugemens
Comme iay trouue par escript
Ont sentencie par leur dict
Que vrayement trois mondes estoient
Que chescun par nom appelloient
Le premier. Intellectual
Que lon appelle angelical
Le second nommoient ensuiuant
Celestiel/en soy tenant
Estoilles et tout luminaire
Et le tiers nommoient sublunaire
Du tout humain lignaige habite
Les trois mondes/Comme on recite
Et toutes les choses crees
Ont este dun seul dieu formees
Que onques homme ne sceut comprendre
Parfaictement/ne bien entendre
Premier donques que nous traictons
Dautre matiere ne parlons
Pour magnifier son essence
Nous traicterons de la puissance

Cronica mondi. In
principio.

Plato In phedro.

Plinius in naturas
li historia.lib. ij.c. s.

Picus mirãdula in
septiformi sex vierũ
geneseos phemio.

Sctũs tho. in sum=
ma contra gentiles
lib.ij.c.xv.z. xvj.

De la puissance de dieu.

Dant dieu fist le monde premier
Il nen auoit point de mestier
Car tant auoit deuant quil a
Et tousiours fut/est/et sera

Magister sentẽtia=
rũ.lib.j.vi.xlij.xliiij.
z.liij. per totum.

b

Uincentius in speculo naturali.lib.j ca. rir.

Sctus tho. in summa contra gētiles. lib.ij.

Jl ne sen amenda de riens
Onques neut faulte daucuns biens
Tout voit/tout tient dedens sa main
Jl neut onques ne soif ne fain
Continuellement il demeure
En tous biens/chun iour et heure
Jl voit/Jl scet/et si congnoist
Ce que onques fut/sera/et est
Pardeuant lui sont toutes choses
Soient pres/ou loing/tant soient encloses
Autant voyoit le monde auant
Quil leust fait/comme maintenant
Puis que le monde neust oncq fait
Jl valloit autant comme il fait
Ne iamais mieulx valoir neust peu
Autrement ne seroit pas dieu
Se du tout il ne vist et sceust
Tout tant que iamais estre peust
Car sepoint estoit defaillant
Daucune chose/et non puissant
Par ce moyen seroit mortel
Mais sa nature nest pas tel
Car il est dieu entierement
Sans fin/et sans commancement
Riens ne lui est fraiz ne nouueau
Et est tousiours fraiz et nouueau
Tous les biens sont siens a droicture
Et a lui sen vont par nature
Car de lui meuuent tous et viennent
Et vers lui le droit chemin tiennent
Jl naura ia de nul mal cure
Car sa bonte est toute pure

Toute necte/tressaincte et saine
Sans mal et sans tache villaine
Et le mal lui est tout contraire
Parquoy le fault oster et traire
De lui/et de trestous ses biens
Car ce nest que ordure et fiens
Aussi descendent en profont
Et les biens demeurent amont
Deuant dieu/qui est cler et pur
Le mal/qui est laid et obscur
En tenebres sur toute riens
Descend aual/laissant les biens
Tout ce conuient il par nature
Ainsi comme on voit la laidure
Du vin/que lon mect ou tonneau
Dont la lie se despart du beau
Si que le bon demeure en hault
Lordure estre au fons lui fault
Qui est mauuaise trouble et vile
Et le bon qui est tres vtile
Deuient tousiours cler pur et nect
Et le mauuais obscur et lait
Tant com le cler plus beau deuient
De tant la lie plus retient
Dordure/et des malheurete
Et tousiours a plus dobscurte
Ainsi est du bien et du mal
Le mal conuient descendre aual
En lieu tenebreux et horrible
Et de toute doleur penible
Et le bien conuient estre amont
Deuant dieu/car tous biens y sont

                                    b ij

Et quant le bien plus esclarcist
Deuant dieu/et plus resplendist
Tant a le mal plus dobscurte
Et dordure et de bilite
En enfer ou fera touldis
Tant comme dieu en paradis
Ou il a tous biens deuant luy
Et aura/touliours fans ennuy
Tous les a tous les illumine
Sans defaulte et fans termine
Dieu peut tout faire et tout deffaire
Sans riens muer de fon affaire
Le quil luy plaist est acomply
Et riens ne fe change de luy
Estable il est fans mouuement
Et de lui meut tout mouuement
Cent milliers ne luy montent mye
A la cent milliefme partie
Dune feulle minute de heure
Ne a cil que en paradis demeure
Car le maindre qui foyt dedens
En moyns dune heure a plus de biens
Joye/defduict/honneur/foulas
Dont il ne fera iamais las
Que nul homs penfer ne pourroyt
En cent mil ans fe tant biuoyt
Le plus chetif qui onques fust
Et penfast il au plus quil peust
De la gloire dont dieu est fire
Comme dieu qui pourroit tout dire
Car tout fcet ce que est et fera
Et tout ce quil luy fault il la

Onques nul bien ne luy faillit
Touſiours les a tous deuant luy
Oncq bien ne fut ne ſera fait
Que deuant dieu ne fuſt pourtraiſt
Et premier que le monde fiſt
Or voyez pourquoy il le fiſt.

¶ Pourquoy dieu forma lomme

Jeu fiſt le monde a ſon vouloir
Pour ce quen luy il peuſt auoir
Creature qui telle fuſt
Que tous ſes biés deſſeruir peuſt

Magiſter ſentētia=
rum.li.ij.di. ſ.c.x.cħ
ſequentibus.
Et idē.li.ij.di.xvj

Se adonc ne periſſoyt par luy
Pour ce le monde a eſtabli
Non pource que mieulx luy en fuſt
Nauſſi que aucun beſoing en euſt
Mais il le fiſt par charite
Et par grant de bonnaireté
Il voulut (comme bon) que autruy
Partiſt a ſes biens auec luy
Plus voulut par ſa bonte pure
Que auſſi toute autre creature
De ſa puiſſance ſe ſentiſt
Selon que a luy apparteniſt
Ainſi veult ce monde eſtablir
Et que tel choſe en peuſt yſſir
Par quoy lon ſceuſt entendre et veoir
La nobleſſe de ſon pouoir
De ſa ſapience et du bien
Quil fiſt pour lomme terrien
Affin quil peuſt a dieu ſeruir
Par droicture et luy deſſeruir.

b iij

Les grans biens quil a faiz pour luy
Si deuons moult amer celuy
Qui nous fist/et bon gre sauoir
Car il nous donna tel pouoir
Que se bien amer le voulons
De tous ses biens seigneurs serons
Doncq lamons/se ferons que sayges
Ou nousy aurons grans dommaiges
Car quant nous perdrions iceulx biés
Ja pource ny perdroit il riens
Pour nous les fist/Si les ayons
Puisque desseruir les pouons.

℞ Pourquoy dieu ne fist lomme tel
quil ne peust pecher.

Sctũs tho. in sũma
cõtra gẽtiles.li.ij.c.
xlvj.xlvij.z.xlviij.
Et magister senten
tiarũ.li.ij.di.j.c.iiij.
et. di.xv.c.v. et. di.
xxiij.c.j. et. di.xxxij.
c.vj.

Jeu donques donna le pouoir
A lomme/de faire son vouloir
Bien ou mal/ainsi quil vouldroit
Car sil eust ainsi lõme fait
Quil neust peu faire que tout bien
Lui eust tollu aucune rien
De son pouoir/car il neust peu
Faire mal/quant il luy eust pleu
Parquoy voult par telle raison
Le creer tel/Sans achoison
Quil en eust/et certainement
Le fist de son pur mouuement
Car quil en eust entalente
A force et donne voulente
Celuy pourquil lauroit fait
Le guerdon en meriteroit
Non pas luy/car bien peu dessert

Celui qui oultre son gre sert
Qui me mettroit pour faire bien
En vne prison maugre myen
Je ne le tiendrois pas pour saige
Car il me feroit grant oultraige
Bien leust dieu fait sil luy eust pleu
Mais tel bien desseruir neust peu
Lomme en tel cas ainsi quil faict
Parquoy la crehe tel/et faict
A ce que plus il peust auoir
De bien/de science/et pouoir
Si dieu eust les anges creez
Quilz neussent peu cheoir en pechez
Si hault don neussent merite
Que lôme a fait en verite
Et qui veult le bien desseruir
Voluntairement doit seruir
En y mectant la droicte fleur
De son cueur pour auoir honneur
Dieu voulut que lôme tel fust
Que pouoir de desseruir eust
Autant de bien en son endroit
Comme luy mesmes en auoit
Et lui donna sens et raison
Dauoir vers luy entention
Doncq par droit seruir il le doit
Et fol est qui ne se pouruoit
De bien faire/car tout le bien
Que chascun fera sera sien
Pour vng bien/il en aura cent
Et pour vng mal/cent en actent
Fol est cil qui cuide pour rien

Donte de dieu faire son bien
Et quant de mal faire se tient
De tant plus dieu/plus cher len tient
Puis que le monde se perdroit
Dieu pource maindre nen seroit
Ne son bien plus detrimente
Se tous les gens qui ont este
Et que en ce monde iamais soient
Aucun bien fait ilz ny auoient
Et dampnez se feussent trestous
Ja pour ce dieu moins de repos
Nen auroytne nen vauldroit pis
Ne riens qui fust en paradis
Les sains y furent si trespreux
Si vaillans et si vertueux
Quilz congneurent et sceurent bien
Que ce siecle ne valloit rien
Et mieulx aymerent mal souffrir
Et leurs corps a martire offrir
Pour dieu/a honte et a laidure
En ced. siecle qui peu dure
Pour auoir les biens infiniz
Qui sont la sus en paradis
Que auoir compleu au corps muable
Pour estre en peine perdurable
Et neurent cure de telz biens
Qui apres mort ne vallent riens
Si bien prindrent leur frain aux dens
Que en paradis sont tous dedens
Ceulx les tindrent au monde folz
Qui ores ont chargez leurs colz
De ce quoy sont deschargez

Ceulx que en paradis font logez
On tient pour fol et peu lon prife
Qui les mondanitez defprife
Plufieurs font faincts en paradis
Que filz prifaffent les folz dictz
Des gens/tandis quau monde furent
Ilz neuffent pas fait ce quilz deurent
Le plus perdiffent pour le moins
Ainfi que font a prefent maints
Qui tant defirent auoir loz
Que pour les parolles des folz
Ne tiénent comptent de bien faire
Les faincts fceurent mieulx a dieu plaire
Qui ne laifferent pas pour telz dictz
De feruir dieu/dont paradis
Ilz ont/en grant ioye et honneurs
Comme ilz en feuffent feigneurs
Et filz euffent befcu autrement
Ores feuffent en peine et tourment
En enfer ou tout mal habonde
Doncq eft grant merueille du monde
Que tant de chofes les gens font
Dont plus de peine fouffriront
Pour les loz du fiecle acquefter
Ou pour grant auoir amaffer
Qui fi petit de temps leur dure
Et qui leur fault en moins dune heure
Que pour acquerir ne feroient
Les biens dieu/qui point ne fauldroient
Que les faincts ont en leur faifie
Pour vng bien peu de dure vie
Qui ne femble eftre que doulceur

c

A ceulx qui a cé ont mis leur cueur
Car en fin il leur est aduis
Que pour neant ilz ont paradis
Ainsi le peut auoir chascun
Et des biens dieu estre commun
Et auoir la parfaicte ioye
Mais que enuers dieu ne se foruoye
Et ceulx qui la ioye desirent
De ce monde/si fort sempirent
Que aucun bien ne peuent aprendre
Ne a leur sauuement entendre
Mieulx ayment laisse de leur corps
Dont tantost ilz sont mis dehors
Tombans en peine incomparable
Que laisse du ciel/pardurable
Et ne prisent riens le sauoir
Dun homme/sil na de lauoir
Pour estre au monde mieulx prise
Et hault loue et exaulce
Et disent quil est fol et nice
Pour ce quil ne suyt leur malice
Telles gens sont de dieu mauldictz

Dauid in psal . xl.
xiij.xiij.xx. et pluri
bus alijs.

Car ce sont de dauid les dictz
Que qui au monde veult complaire
Il pert de paradis la gloire
Ce nest que orgueil chose vaine
Et ainsi lame nest pas saine
Par quoy il dit en son psaultier
De quoy lon sert dieu au moustier
Que mauldictz soient trestous iceulx
Et confuz comme vicieux
Qui au monde plaisent de riens

Car eslonguez sont de tous biens
Et de dieu soistent et discordent
Puis que au monde sont/et saccordent
Car dieu les a tous en despit
Et sa grace leur esconduit
Pource que au monde ont los voulu
Ou/il fut comme fol tenu
Et puis a dit en leuuangille
Qui nest pas parolle inutille
Tous ceulx la/bien eurez seront
Qui le monde en despit auront
Et qui des gens seront haiz
Et deschassez/et tenuz vilz
Com folz pour lamour de mon nom
Car ilz en auront bon guerdon
Nous pouons bien veoir plainement
Se en ce dieu/lui mesmes ne ment
Et verite faulsete nest
Que ceulx a qui le monde plaist
Et qui les loz du monde acueillent
Ne peut estre quilz ne se dueillent
Il est fol qui quiert den auoir
Et telz sont en mauuais manoir
Qui aucunement en pourchassent
Les diables en enfer les chassent
Ou ilz sont en piteux arroy
Et ny aura conte ne roy
Ne duc ne prince si puissant
A qui il nen soit fait autant
Come des plus vilz qui y viengnet
Et que diables au croc ne tiengnet
Bien doit mauldire son peche

Matheus.v.Et
Lucas.vj.

c ij

Tel roy qui leans est tresbuche
℺Qui doncq paradis peut conquerre
Plus noble royaume acquiert que en terre
Qui tient sa conscience munde
Il est fait roy en lautre monde
Or faisons tandis que viuons
Que ce royaume auoir puissons
Laissans le mal entierement
℺Puis que aues oy cy deuant
Pourquoy dieu fist le monde et lôme
Nous vous dirons cy apres côme
Le monde/sans y faire obly
fut fait cree et acomply
Mais raison est que vous disons
Des sept ars/et de leurs raisons
Cômentelles furent trouuees
Par personnes bien aduisees
Car par elles/on scet par effect
Du monde la nature et le fait
Si en parlerons premierement
Pour mieulx entendre le demourant.

℺Pourquoy les sept ars furêt trouez
Et leur ordre.

Albumasar.c.ij.
Aristo . lib.j. meta=
phisice.
Antho.sabellic⁹ hi=
storicus enneade.j.
in principio.
Et fasciculus têpo=
rũ annomôdi.7.9.5
Et vincenti⁹ in spe=
culo doctrinali.li.j.
c.ix.x.z sequêtibus
capitulis.

Roit ce liure en partie
Qui est extraict dastronomie
Que les saiges vouldrent iadis
Enquerir par iours et par nuiz
Du monde/et sauoir que cestoit
Car chascun moult sesbahissoit
Côme il fut fait et compille
Et de gens rempli et peuple

Adonc regarderent plusieurs
Le firmament qui entour eulx
Se mouuoit/et se esmerueilloient
Côme il se faisoit/et veilloient
Par iours et nuyz a regarder
Contempler et considerer
Les estoilles qui y leuoient
Vers orient/puis se mouuoient
Alentour par dessus leurs testes
Ilz ne firent pas côme bestes
Qui ne querent que leur pasture
Ainsi que font ceulx qui nont cure
Que de viure côme pourceaulx
Et aiseement coucher leurs peaulx
Ains par maintes nuyz veilloient
Et nullement ne sénuyoient
De regarder si noblement
Mouuoir trestout le firmament
Et les estoilles qui y estoient
Iusques atant quelles se couchoient
Contre orient et autre part
Lune plus tost lautre plus tart
Ainsi regardoient alentour
Du firmament iusques au iour
Quilz veoient le soleil leuer
Le matin tant beau et tant cler
Qui la moictie du iour montoit
Et lautre moictie descendoit
Iusque il venoit a se coucher
Et faisoit la nuyt approucher
En la quelle apres reuenoient
Les estoilles et se monstroient

Jusques le soleil se leuoit
Qui tout le monde enluminoit
Tousiours allant son droit chemin
Tant quil releuast au matin
Apres voulurent regarder
A la lune et considerer
Comme elle sapparoist au monde
A lune des foix toute ronde
Et a lautre nest que demye
Ainsi que par moictie partie
Et puis cornue deuenoit
Et en deffaillant sen alloit
Tant que plus elle nestoit veue
Apres se remonstroit cornue
Puis demye/puis toute plaine
Côme deuant/et aussi saine
Aussi sceurent que tant alloit
Quelle du soleil sapprouchoit
Et endroit de lui se trouuoit
Lors sessongnoit et departoit
Tant que sa clarte demonstroit
Côme elle auoit fait parauant
Puis se retournoit approuchant
Apres partoit et reuenoit
Et ainsi iour et nuyt alloit
Tournoyant et son cours faisant
Tout alentour du firmament
Ainsi côme elle fait encores
Sans riens muer/mais les gens dores
Pensent plus tost en autre affaire
Pour nourrir leurs corps et refaire
Que si tost vont a pourriture

Par vile et orde nourriture
Qui a mortel exil les liure
Mais ainsi ne vouloient pas viure
Les autres a qui de menger
Ne challoit fors pour alleger
Leur faim pour leur corps soustenir
Et leur saincte vie tenir
Afin que de leur sens se peussent
Mieulx ayder côme fere ilz deussent
Pour venir a la droicte sente
Du royaume eternel/car les trente
Diuoient a lors plus longuement
Que ne font maintenant les cent
Par leur vie inutille et folle
Et nentêdent pas la parolle
Que ihesucrist dist au diable
Qui la cuyda tenir pour fable
Lui disant que en pain conuertist
Les pierres/et dieu lui dist

Matheno.iiij.

Que lôme cest pour tout certain
Ne vit pas seullement de pain
Mais de sa diuine parolle
Qui nest pas vaine ne friuolle
Et se bien cecy entêdoyent
Plus voulentiers ilz aprendroiêt
Les parolles quide dieu viênent
Mais les grans viâdes retiênent
Leurs sens et les leur amenuysent
Par les menger/et tant leur nuysent
Que nature ne le peut souffrir
Dont plus tost leur côuient mourir
Aussi leur grant auoir leur emble

Leur sens et leur cueur tout ensemble
Tant que peu sceuent a la mort
Dont plusieurs sont naurez bien fort
Qui conseiller ne se pouoient
Quant plus grant mestier en auoient
Et côme ceulx nont voulu estre
Qui pour hors de dangier se mectre
Sestudierent en clergie
Et vserent ainsi leur vie
Sans leur soulcier de menger
Fors seullement pour substanter
Leurs corps/tandis côme ilz viurosent
En ce monde/car bien sauoient
Que peu leur duroit ceste vie
Et si nauoient point dautre enuie
Que de pouoir auoir science
Sapience auec la puissance
De congnoistre le souuerain
Qui tout auoit fait de sa main
Si eurent consideration
Hsans de bône operacion
Que iamais nauroient congnoissance
De dieu ne de sa sapience
Si de ses euures nenqueroient
Tant côme sauoir en pourroient
Car bien ne congnoist on le maistre
Son ne congnoist premier son estre
A leure congnoist on louurier
Pour ce voulurent essayer
Aux euures dieu premierement
Pour auoir plus legierement
Congnoissance de son pouoir

Et quant plus ilz pourroient sauoir
De ses euures et de ses faiz
Detant seroient ilz plus actraiz
A aymer le vray createur,
Qui auoit côme grant facteur
Fait le ciel qui si beau voyoient
Et les estoilles qui luy soient
Par ses merueilleuses vertuz
Dont le priseroient beaucop plus
Et tant que plus le priseroient
Plus voulentiers le seruiroient
Et furent leurs intentions
De dieu congnoistre/et leurs raisons
Car bien sceurent de verite
Que dieu leur auoit sens preste
Pour raisons et nature enquerre
Des choses du ciel et de terre
Tant côme ilz en pourroient sauoir
Et congnoistre de leur pouoir
Car nul de son treshault secret
Tant soit ilz saige ne discret
Ne pourroit penser ne comprendre
Ne les miracles bien entendre
Fors lui/qui tout scet par droicture
Mais de celles qui par nature
Sont faictes/en ciel et en terre
Peut bien lôme raison enquerre
Daucunes/sil est de bon sens
Sil employe en clergie son temps
Et quant raison eurent enquise
Par leur grant clergie/et aprise
Pourquoy le monde fut cree

Côme deuant est declaré
Se penserent que bien pourroient
Puis que de tout raison auoient
Entendre en partie et sauoir
Ce quilz veoient ainsi mouuoir
Les estoilles du firmament
Et reluire si clerement
Pareillement aussi vouloient
Enquerir de ce quilz voyoient
Le firmament aussi mouuoir
Et la verite en sauoir
Congnoissans que moult bon faisoit
De sauoir ce que a dieu plaisoit
Car on ne pourroit mieulx entédre
Que cest de lui ne le comprendre
Que'par les operations
Qui ne sont pas deceptions
Les anciens de grant valeur
Qui en lui eurent tout leur cueur
Neurent dautre richesse cure
Que daprendre science pure
Et ceulx qui richesses auoient
Dicelles du tout se priuoient
Sans en vouloir retenir plus
Que ce quil leur failloit pour lenr vs
Bien voulurent ilz retenir
Certaines gens pour eulx seruir
Afin quilz neussent a entendre
A nulle chose que a aprendre
Diuans chascun en sa maison
Ainsi côme en religion
Et aucuneffoiz se mectoient

En tel lieu que enfemble viuoient
La fepmaine trois foiz ou quatre
Pour eulx folacier et efbatre
Et difoit chafcun fa raifon
Selon fa propre intencion
Iufques ilz euffnt approuue
Ce quauoit efte propofe
Puis faifoient de celui leur maiftre
Que plus congnoiffoit de leur eftre
Et qui de plus grant fens eftoit
Lequel par fur eulx regentoit
Lors mectoit chafcun en efcript
Tout ce que le maiftre auoit dit
Ainfi fut clergie trouuee
Et depuis toufiours augmentee
Mais premier quilz leuffent comprinfe
Long temps furent a lentreprinfe
Et tout ce que en leur temps entédirent
Par efcript reddiger le firent
Ace que ceulx que apres viendroient
Qui entremectre fen vouldroient
Teniffent toufiours leurs efcriptz
Et y boutaffent leurs efpritz
Lefquelz apres ainfi le firent
Et ce quilz trouuerent et virent
Mirent en compilation
Et concorderent leur raifon
Tant firent chün en leur temps
Quilz y mirent bien deux mil ans
Aincois quilz leuffent acquife
Concorde/et enfemble mife
Et tindrent a bien employe

Le temps quilz y auoient vacque
Car toutes les choses sauoient
Qui durant leur temps aduenoient
En terre par sens de nature
Quant mectre ilz y vouloient leur cure
Lesquelz ne se merueilloient pas
Quant il aduenoit aucun cas
Merueilleux en ciel ou en terre
Qui moult bien ne sceussent enquerre
Par raison ₹ pourquoy cestoit
Puis que par nature aduenoit
Enquoy veillerent maintes nuyz
Du ilz prenoient moult grans desduiz
Quant si haultes choses trouuoient
Dont bien fort dieu remercioient
Dece que paruenir pouoient
Den congnoistre la verite
Si laisserent la vanite
De ce siecle qui si peu vault
Pour auoir ioye qui ne fault
Dont mains philozophes furent
Qui a tort sans forfaict moururent
Pour remonster aux grans seigneurs
Leurs grans mauuaistiez et erreurs
Pourquoy les firent occire
Ainsi souffrirent martire
Pour droicture et la verite
Soustenir et toute equite
Côme les saincts qui mort souffrirent
Pour la loy que exaulcer voulurent
Aucuns furent/qui par leurs sens
Prophetizerent le sainct temps

De laduenement ihe sucrist
Et mesmement virgille dist
Côme vne nouuelle lignee
Estoit du hault ciel assignee
Qui en terre feroit vertuz
Dont les diables seroient vaincuz
Et quant sainct pol vit ses escriptz
Il le prisa moult/et ses dictz/
Autres philozophes qui furent
Den parler aussi ne se teurent
Mais on ne pourroit icy lire
Tous les biens quon en pourroit dire
Plains furent de grant preudômie
Dauoir mis en auant clergie
Car se la clergie nestoit
On ne sauroit que dieu seroit
Et se ne fust par leur prudence
Ne seroit pas telle habondâce
De clergie/côme apresent
Mais on la laisse aller a neant
Car ceulx qui y deussent entendre
Pour autres instruire et aprendre
Et dôner exemple de bien
Ce sont ceulx la qui nen font rien
Et ne leur chault que de sauoir
Le moyen dacquerir auoir
Car aux biens ont tant mis leurs cueurs
Quilz ne veullent penser ailleurs
Mains pouures sont qui aprendroient
Tresuoulêtiers quant ilz auroient
Des biens pour y pouoir entendre
Mais cela les garde daprendre

Augu.in libro.x. de
ciuitate dei dicit q̃=
dam propheta esse
a virgilio de xpo(vt
illa)Jam nona pro
genies.xc.

Car ilz nont dequoy auoir liures
Ains leur fault pourchasser leurs viures
Mains clercs ya qui riches sont
Qui grant nombre de liures ont
Auzquelz ne chault que dauoir bruit
Mesprisans de clergie le fruict

ysopet⁹ in fabulis.

Et semblent au coq qui gratoit
Du fumier lequel pourchassoit
Sa viande/et ainsi gratant
Soubz ses piedz trouue incontinant
Vne bien precieuse geme
Qui de clarte gectoit grant flame
Lors se print a la regarder
Puis la laissa sans plus tarder
Car de geme point ne vouloit
Autre viande lui failloit
Ainsi est des gens couuoiteux
Qui ont les liures precieux
Auzquelz il suffit de les veoir
Par dehors/car ilz nont vouloir
Que de leur ventre bien emplir
Et leurs folz desirs acomplir
Par ainsi perissent les ars
Tant que a peine scet on les pars
Plus ayment auoir nom de maistre
Et peu sauoir/que bons clercs estre
Autrement aux ars sordonerent
Ceulx qui premier les controuerent
Premier entrerent en gramaire
Qui congruite bien declaire
Puis a logique pour prouuer

Le faulx/et le vray demonstrer
Apres rhetorique trouuerent
Et icelle bien fort amerent
Puis arismetique apres
Pour estre es choses plus expers
Apres trouuerent geometrie
Qui pour mesurer a maistrie
Puis de musique la science
Pour mectre aux choses accordance
Au dernier noblierent mye
Astronomie leur amye
Car par elle furent esmeuz
Dacquerir science et vertuz
Ainsi les sept ars ordonerent
Ceulx qui au premier les trouuerent
Qui en veult vne adroit entendre
De toutes lui conuient aprendre
Autrement ne peut on sauoir
Bonement le faulx ne le voir
Et lune et lautre est si comune
Quil couient sauoir de chascune
Mais on ne quert que den sauoir
Quelque peu/pour deniers auoir
Telles gens sont ores prisez
Et ceulx de lectre desprisez
Ainsi clergie est rebouctee
Et de peu de gens supportee
Et ce qui en est a present
De la cite de paris vient
Plus que de nulle autre cite
La/en est la nobilite.

¶De ces trois manieres de gens
les philozophes poserent au monde
Et comment clergie vint en france.

Fasciculus tēporuz
in āno xp̄i octigen.
iiij.regnante leone.
iij.et karolo magno
Antho. sabellic⁹ in
iij.parte enneade.
ix.li.ix.in principio.

Clergie est ores a paris
Ainsi come elle fut iadis
En athenes/qui fut en grece
One cite de grant noblesse
Les philozophes qui la furent
Qui les autres enseigner deurent
Ne poserent durant leur temps
Fors que trois manieres de gens
Clercs/cheualiers/et laboureurs
Qui de terre sont cultiueurs
Pour les autres estatz nourrir
Aussi les doiuent maintenir
Les cheualiers/et les defendre
De lun enuers lautre mesprendre
Aux clercs vient les deux adrecer
En leurs euures/et enseigner
Si que chascun chose ne face
Dont il perde de dieu la grace
Ong home tout seul ne pourroit
Sauoir/ne sentremettre adroit
De ces trois estatz ou mestiers
Pour les exercer tous entiers
A lun des trois tant seullement
Fault entendre/qui bien aprent
Premier que bien sauoir son vs
Parquoy doncq poserent sans plus
Trois manieres de gens en terre
Les philozophes/qui enquerre
Ooulurent/droicte verite

Et ſercherent vne cité
Au monde/ou mieulx ilz peuſſent eſtre
Pour demourer/et ſauoir leſtre
De clergie/pour adꝛecer
Les autres/et bien enſeigner
Dont athenes fut iadis lune
Ou ilz y auoient leur cōmune
Et la regnoit cheualerie
Pꝛemierement/auec clergie
Puis fut a rōme tranſlatee
Ou elle fut moult augmentee
Auſſi cheualerie y vint
Qui touſiours pꝛes delle ſe tint
Et depuis eſt venue en france
Ou cheualerie a puiſſance
Et plus quen aultre lieu du monde
Ainſi lun et lautre y habonde
Et cheualerie enſuit clergie
Car moult bien y eſt recueillie
Le roy de france doit bien eſtre
Bien foꝛt ioyeulx/quant il voit naiſtre
De ſon royaume et ſeigneurie
Telle ſcience et tel clergie
Ou chaſcun puyſe ſens humain
Sans en appetiſſer de rien
Car ceſt ainſi que la fontaine
Qui tant plus court/et plus eſt ſaine
Et quant le ruiſſeau court plus loing
Plus a len deaue a ſon beſoing
Et par ainſi dire vous puis
Que paris eſt cōme le puyz
Ou lon peut plus puyſer ſcience

d

Qui y peut auoir demourance
℃Et puis que ainsi est que clergie
Est en france si bien regie
Par raison sauoir en deuroient
Les roys de france silz vouloient
Car ainsi côme le soleil
Est des planetes le plus bel
Qui tant de bien fait naistre au monde
Par la vertu quen lui habonde
Ainsi doit le roy mieulx valoir
Des autres roys/et plus sauoir
De clergie/et de sapience
A ce quil peust par sa vaillance
Entre les aultres plus reluyre
Et tous ses subiectz mieulx conduire
Et iceulx a bien faire actraire
Par exemple de son bien faire
Et ainsi seroit roy tousdiz
En ce monde/et en paradis
℃Par droicte nature et lignaige
Ilz doiuent mectre leur couraige
A clergie/et icelle amer
Et en leur teste limprimer
Car charlemaigne moult exaulca
Les philozophes/et auanca
Et tous les bons clercs quil pouoit
Recouurer/il les enuoyoit
En france/pour y demourer
Dont il estoit a honnorer
℃Mainte peine prenoit en lui
℃Maint grant trauail/et maint ennuy
Pour xpiante exaulcer

Ne pour riens voult delaisser
Clergie/mais pres lui lauoir
Car daprendre auoit le vouloir
Assez sceut dastronomie
Côme on raconte en la vie
Quon dit estre amez en lorraine
Du il fut par mainte sepmaine
Car moult ama le lieu et lestre
Si y voult par maintesfoiz estre
Encor ya de ses ioyaulx
En lesglise/riches et beaulx
Quil dôna par deuocion
Car moult ama dieu et son nom
Et trauailla toute sa vie
Damener en france clergie
Laquelle y est moult honoree
Bien entretenue et gardee
Car cest ce qui fait prosperer
Le royaume/et leur demourer
Et sur tous autres renômer
Apres sont venuz autres gens
Que lon appelle mendiens
Lesquelz par grant deuocion
Se sont mis en religion
Pour mieulx dieu seruir/et aprendre
La saincte escripture/et entendre
Et tellement ont trauaille
Par iour et nupt/et tant veille
Que acquis ont la fleur de clergie
Et ne cessent toute leur vie
De la publier et prescher
Deuant le peuple/et de tascher

                                    d ij

A ladmonester de bien viure
A ce quil soit quicte et deliure
Dauoir peine perpetuelle
Et quil ait la ioye eternelle
Pareillement les ducz tresexcellens
De sauoye/nont este negligens
Dentretenir en leur pays clergie
Si que a present y est eslargie
Que de tous lieux/et toutes nations
Vienent gens/faire leurs mansions
En la tresnoble ville et cite
De turin/ou luniuersite
De toute clergie/est assise
Et par iceulx ducz illec mise
Lentretenant treshonorablement
Et mesmement par celui de present
Que lon dit charles deusieme de ce nom
Qui est vng prince bien digne de renon
Et bien remply de vertuz et prudence
Encores plus amateur de science
Cecy ne fault nullement mectre en ny
Car son pays est aussi bien garny
De gens lectrez/et en toute science
Que point dautre/selon sa contenance
Atant ce propos laisserons
Et aux ars nous retournerons
En declairant leur qualite
Leur vertu et propriete
Car deulx meuuent tous sens humains
Et tous euures quon fait de mains
Toutes sciences/habilitez/
Tous biens/et toutes humilitez

A cesté cause ie desire
Leuure de chascune descripre
Apres tracterons de nature
Puis du monde/et de sa facture
Mais des sept ars dirons premier
Quon ne doit pas laisser derrier

De la maniere des sept ars.

Uincencius in specu-
lo doctrinali.li.j.ca.
xxj.

R traictons du comancement
De gramaire/qui va deuant
Les autres ars/car sans sauoir
Gramaire/lon ne peut auoir
Clergie/ne science aprendre
Si fault doncq a icelle entendre
Car gramaire est le fondement
De clergie/et comancement
Et porte de toute science
Par ou lon vient a sapience
Gramaire/se list en lescolle
Qui enseigne former parolle
Et bien prononcer tous langaiges
Tant soient estranges et sauuaiges
Qui bien sauroit toute gramaire
Toute parolle sauroit faire
De dieu fut cree tout le monde
Par sa parolle pure et munde
La deuxiesme art/est logique
Quon appelle dialetique
Qui preuue le vray et le faulx
Et fait entendre biens et maulx
Car qui sauroit logique toute
Bien et mal prouueroit sans doubte

D iij

Paradis fut aux bons dõne
Enfer aux mauuais ordõne
¶La tierce rectorique a nom
Qui est droicture de raison
Pour sauoir orner sa parolle
Quelle ne soit tenue a folle
De ceste/sont les droiz extraictz
Par lesquelz/iugemens sont faictz
Elle garde sens et raison
En court de roy/et de baron
Et reprouue les choses males
Dicelle/sont les decretalles
Extraictes/et decretz et loix
Qui font congnoistre tors et droiz
¶Qui rectorique bien sauroit
A raison et droit se tiendroit
Pour tort faire/lõme est perdu
Et pour droit/garde sa vertu
¶La quarte a nom arismetique
Qui va apres la rectorique
Qui es sept ars a este mise
Sans elle ne peut estre aprise
Nulle des ars parfaictement
Ne bien sauoir entierement
¶Deuant que lon saiche cest art
Nul na en grant science part
Par elle on peut sauoir tout nombre
Iustement/sans aucun encombre
Mais qui veult telle chose aprendre
Mainte glose luifault entendre
Premier que adroit en sauoir dire
Aucune chose ne escripre

Qui bien arismetique sauroit
En toutes choses ordre mectroit
Par ordre/fut le monde fait
Et par ordre sera defaict
⊂La quinte a nom geometrie
Qui plus vault en astronomie
Que nulle des autres sans faille
Car sa mesure adroit lui baille
Elle compasse et si mesure
Toute chose ou il a mesure
Par elle on peut sauoir le cours
Des estoilles qui vont tousiours
Et la grandeur du firmament
De la terre pareillement
Par elle lon scet de verite
De toute chose la quantite
Ja si loingtaint ne sera
Mais quon puisse veoir iusques la
Qui geometrie bien entendroit
Toute chose mesurer pourroit
Par mesure fut fait le monde
Et haulte chose/et la profonde
⊂La sixiesme art/cest la musique
Qui se forma darismetique
De ceste meut toute atrempance
Et delle fisique sauance
Toutes choses musique acorde
Et ce la ou y a discorde
A concordance le ramaine
Tout ainsi phisique se peine
De ramener matiere a main
Qui se destrempe ou corps humain

                              d iiij

Alors que maladie lencombre
Mais pourtant nest mise du nombre
Des sept ars de philozophie
Ains est vng mestier qui sallie
Au corps humain/pour le garder
De maladie/et preseruer
Tandis quil se maintient en vie
Parquoy liberalle nest mye
Car elle sert du corps guerir
Quen la fin il couient pourrir
Nulle chose liberalle est
Ne franche/qui de terre naist
Et pource science qui sert
Au corps humain franchise pert
Mais celles qui pour lame sont
De toutes pars franchises ont
Car lame doit liberalle estre
Sicome chose de noble estre
Qui de dieu est formee et faicte
Et vers lui retourner appete
Pour ce les ars liberaulx sont
Qui toute lame franche font
Et enseignent ce quon doit faire
Proprement pour chun affaire
Cecy est la droicte raison
Pourquoy ars liberaulx ont nom
De cestes est musique lune
Qui si bien saccorde achascune
Par elles furent accordees
Les sept ars et bien ordonees
Et delle fut trouue le chant
Quon chante en leglise a present

Tous instrumens et accordances
De musique ont prins leurs naissances
Qui de musique a la science
En tout scet mectre laccordance
La septisme est astronomie
Qui fin est de toute clergie
Ceste enseigne raison donner
Du ciel/de terre/et de la mer
Qui bien astronomie sauroit
De toutes choses raison donroit
Ausquelles dieu de sa bonte
A baille leur propriete
Par ceste art fut premier acquise
Toute autre science et aprise
Et decretz et diuinite
Parquoy toute chrestiente
Est conuertie a droicte foy
Pour seruir le souuerain roy
Qui tous biens donne et eslargist
Et qui toute astronomie fist
Li ciel/la terre/et les planetes
Qui sont si cleres et si nectes
Côme il est possible de veoir
Cest lui seul qui a le pouoir
De tout le monde gouuerner
Qui riens sans lui ne peut durer
Cest le hault astronomien
Lequel tout scet/soit mal ou bien
Cest la science qui puisse estre
Par la quelle on peut mieulx congnoistre
Côment est compasse le monde
Qui matiere est bien fort profonde

Par icelle furent trouuees
Les autres six deuant nõmees
Sans lesquelles nul ne pourroit
Sauoir astronomie adroit
Tant fust il saige ne subtilz
Cest ainsi cõme les vstilz
De macon ou de charpentier
Sont instrumens de leur mestier
Par lesquelz forment leur matiere
Ainsi par semblable maniere
Les autres six sont instrument
Dastronomie et fondement
℃ Les princes anciénement
Appliquoient leur entendement
Et trauailloient de leur pouoir
Pour les ars de clergie sauoir
Car sans eulx ilz ne pouoient mye
Comprendre bien astronomie
La quelle ilz desiroient entendre
Et la bien sauoir et aprendre
Car par icelle ilz congnoissoient
Les choses quau monde aduenoient
℃ Coustume estoit en celui temps
Que hõmes serfs ne pouoient dautres gés
Ne pouoient les sept ars aprendre
Pour les gentilz/qui tous entendre
Y vouloient/cõme principaulx
Car francs estoient et liberaulx
Qui fut la cause et la raison
Pourquoy ars liberaulx ont nom
Elles sont si bien ordõnees
Si franches et si bien douees

Et parfaictes si bien adroit
Que riens muer on ny pourroit
Car en elles na que redire
Et ny sauroit on contredire
Qui les sept ars adroit sauroit
En toutes les loix creu seroit
Car nul ne pourroit arguer
Alencontre ne riens prouuer
Toutes les loix aux ars se tiénent
Et les prisent et les maintiénent
Par tous lieux et toutes saisons
Sont tenues pour vrayes leurs raisons
Pas ne sont sciences muables
Car toussiours mais seront estables
℣ Si lairrons den parler atant
Puis quauez oy cy deuant
Leur vertu et propriete
Et viendrons a la qualite
De nature et de ses ouuraiges
Qui sont diuers et bien sauuaiges
Dieu la crea et establist
Premier quautre chose acomplist
Toutes choses produit et engendre
Et si ne len sauroit on reprendre
En ce propos donc entrerons
Puis du monde nous traicterons.

℣ De nature côme elle ouure. Et que cest.

Jeu fist donques premier nature
Par la quelle tout estre dure
Qui dessoubz elle est ordône
Du monde / et porportiône

S.tho.in summa cô
tra gêtiles. li.ij.c.iij
Et vincêti⁹ in specu
lo naturali.li.xxxj.c
C.xviij.cû sequêtibⁿ
capitulis vscz ad
C.xxviij.capituli.

Toutes gens nourrist et façõne
Par la vertu que dieu lui dõne
Tousiours ouure diuerſement
Sans y auoir empeſchement
Toute choſe par elle eſt faicte
Cõme dieu la deuant pourtraicte
A toutes choſes baille forme
Lune belle/lautre difforme
Cõme dieu lui a ordõne
Dainſi faire/et pouoir dõne
Car iamais ne pourroit riens faire
Qui au gre de dieu feuſt contraire
Aucuneſfoiz on voit a plain
Naiſtre enfans ſix doiz en la main
Dautres/a qui vng membre fault
A leur corps/en bas/ou en hault
Autres ſont/ceſt choſe certaine
Qui nont pas du tout forme humaine
Les vngs ſont preudõmes et ſaiges
Les autres folz/de faulx vſaiges
Les vngs vertueux en ieuneſſe
Qui ſont vicieux en vielleſſe
Aucuns ſont noirs/les autres blancs
Dautres/ſimples et ignorans
Les vngs ſont gras/les autres maigres
Les vngs mal ſains/dautres alegres
Les vngs greſles/les autres gros
Les vngs ſont prompts/les autres molz
Les vngs haſtifz/autres tardifz
Les vngs couars/autres hardiz
Les vngs boiteux/dautres boſſuz
Autres aueugles/ou percluz

Vng grant hôme est mal fait souuent
Et vng petit a le corps gent
Sans a uoir membre que en lui faille
Et qui bien nait sa droicte taille
Ainsi que a son corps apartient
Bel enfant souuent laict deuient
Et le lait aussi deuient beau
Selon que se change la peau
Vng petit hôme vng grant engendre
Et vng bien grant souuent vng mendre
Petit hôme entreprent grant chose
Que vng plus grant de lui faire nose
Lun meurt plus tost/lautre plus tart
En tout aage/lôme depart
De ce monde/et autant y dure
Quil plaist a dieu/et a nature
Lun veult a clergie entendre
Et lautre veult mestier aprendre
Chascun pretend a telle fin
Que par nature est plus enclin
Tel est daucun mestier bon maistre
Que dautre ne le sauroit estre
Dautres sont quen plusieurs mestiers
Sont entenduz et bons ouuriers
Et voit on que souuent aduient
Que a ce quon desire on paruient
Tel cuide aussi venir a chef
De chose qui tourne a meschef
Lun scet conduire tel afaire
Que vng autre ne le sauroit faire
Tel se veult de chose entremectre
Que a bône fin ne sauroit mectre

Tant y a de diuersitez
Es gens/en faiz/et voulentez
Quon ne pourroit trouuer en terre
Deux hômes tant sceust on bien querre
Qui ne se diuersifiassent
Ne qui du tout se ressemblassent
En mêbre/en corps/ou en visaige
De fait/de dit/ou de couraige
De diuersite de puissance
Et nest chose qui ait naissance
Qui en soy nait aucune chose
Dont vne autre sera forclose
Et nest hôme qui sceust comprendre
Tel ouuraige/ne bien entendre
Car cest le secret de nature
Ou mains bons clercs ont mis leur cure
A ce quilz peussent mieulx escripre
Mieulx lauoir declarer et dire
Sa vertu et propriete
Et comme platon a traicte
Qui fut de si grant renômee
Cest puissance aux choses dônee
Qui semblant par semblant font naistre
Selon que chascune doit estre
Et bien peut on cecy entendre
Par hôme qui vng autre engendre
Par bestes/plantes/et semences
Qui naissent selon leurs semblances
Aristote en recite autant
Qui en science fut si grant
Dautres vouloient tenir pour seur
Que cest la vertu de chaleur

Qui fait estre chascune chose
CDe plus en dire feray pose
Car nul au vray ne le concoit
Fors dieu qui tout scet et tout voit
Et qui lōme fist si puissant
Et bailla tel entendement
Que par nature sauoir peust
La chose/qui greuer lui peust
Au corps/et a lame nuyre
Pour la reboucter et fuyre
Ainsi furent les ars trouuees
Pour oster les malles pensees
Qui font lame a mal conduire
Par les ars/on les peut destruire
Et peut on cesser de mal faire
Et seruir a dieu/et complaire
En suiuant tousiours bōnes gens
Qui baillent bons enseignemens
CCelui est saige qui si bien fait
En ce monde que paradis ait
Et fol est qui son corps tant ame
Quil oblie a sauuer son ame
Laquelle a lōme dieu bailla
Pour la rauoir et la presta
Mais souuent pas ne la lui rend
Ains lengaige au diable et la vend
Semblant le mauuais seruiteur
A qui voult prester son seigneur
Ung talent pour multiplier
Mais en lieu de restituer
Le talent/le retint a soy
Cōme hōme vsant de malle foy

Sans en rendre a son seigneur compte
Comme leuuangile raconte
Parquoy le seigneur le gecta
Dauecques lui et deboucta
Ainsi sera de ceulx sans faille
Qui le grain laissent pour la paille
Et de ceulx qui laissent perir
Lame pour faire le desir
De leur corps/dont tout mal leur naist
Mais atant le compte se taist
Jcy des ars et de nature
Pour deuiser de la faicture
Du monde coment il est fait
Par nature/et de dieu pourtraict
Qui par son comandement fist
Le monde/et tout ce qui y gist
Si en diray sans plus actendre
Tout ce que ien ay peu entendre

ℂ De la forme du firmament

Plinius in naturali
historia.li.ij.c.ij.
Et vincetius l specu
lo naturali.li.iiij. c.
viij.

N rondeur dieu forma le monde
Ainsi come vne pome ronde
Le ciel est ront en toutes pars
Qui entour la terre est dispars
Entierement sans nulle faille
Trestout ainsi come lescaille
De leuf/quantour laubun sadone
Tout ainsi le ciel enuirone
Vng air qui est dessus cest air
Quen latin/on appelle ether
Cest adire pur air et nect

Car de plaine purte fut fait
Par iour et nuyt il est muny
De resplandeur/et bien fourny
Et est il luysant et si cler
Que se hôme y pouoit habiter
Il verroit tout et vng et autre
Ce qui y est/dun bout a lautre
Et plus clerement le verroit
Que cy abas on ne pourroit
Veoir/a vng pied au pres de soy
Tant a lair de clarte en soy
Dicelui ether leurs corps prénent
Les anges/quant en terre viénent
Et que de dieu y sont transmis
Pour anoncer a ses amys
Ce quil lui plaist leur reueller
Pourtant ont ilz leur corps si cler
Quil nest point doeil dôme pecheur
Qui peust souffrir la resplandeur
Ne regarder telle clarte
Pour ce quil est plain dobscurte
A loccasion du peche
Dont il a este entache
Et bien souuent est aduenu
Côme lange sest apparu
A maintes gens/et en maint lieu
Pour noncier le vouloir de dieu
Mais côme endormyz demouroient
Sitost que la parolle oyoient
De lange/et ainsi quen songeant
Ne disoient mot/iusques atant

e

Que lange deulx se departoit
Puis quant a seſueiller venoit
Il leur ſouuenoit bien du dict
Que lange leur auoit ia dit
¶ Ainſi vous dy certainement
Que nully corporellement
Ne pourroit/en nulle maniere
Veoir celle clarte et lumiere
Qui eſt pres du ſainct ciel la ſus
Noz veues ne ſont pas ſi agues
Ne riens corporel ny pourroit
Arreſter en aucun endroit
Et ne fuſt il de riens peſant
Il neſt oyſeau ſi bien voulant
Qui nullement ſe y peuſt porter
Ne la tenir ne ſarreſter
Que aual ne lui côuint deſcendre
Et tomber ſans ſon vol reprendre
Ne ſarreſter en aucun lieu
Iuſque il feuſt en ceſt air venu
Du quel/lors pourroit demourer
Et y reprendre ſon voler
Car il neſt riens qui viure y peuſt
Que tout ſpirituel ne feuſt
Non plus que viuroit le poiſſon
Hors de leaue/en nulle facon
Car ceſt vng lieu ſpirituel
Ou ne peut eſtre corps mortel.

¶ Côment les quatre ele-
mens ſont aſſis.

Plinius in natura-
li hiltoua.li.ij.c.v.

Elle clarte que dicte auons
Que air spirituel appellons
Qui si grande resplandeur dône
Tout alentour elle enuirône
Les quatre elemens que dieu fist
Et qui lun deuant lautre mist
Cest le feu/lair/leaue/et la terre
Qui lun alautre tient et serre
Lun et lautre/ainsi se soustient
Et la terre ou millieu se tient
Le feu/qui est premierement
Enclost/cest air entierement
Et cest air/enclost leaue apres
Qui de la terre se tient pres
Ainsi que enclos est de chascun
Oeuf/le moyeul/de son aubun
Et ou milieu de lui sadrece
Vné goute/côme de gresse
Qui de nulle part né se tient
Auô.moyeul/qui la soustient
Et ny touche de nulle part
Ainsi est par mesme regard
La terre/emmy le ciel assile
Et si egallement comprise
Quautant est lun hault côme bas
Ainsi que le point du compas
Est ou millieu du cercle assis
Et par ce moyen ou bas mis
Ainsi est chascun element
Lun entour lautre entierement
La terre est ou millieu de tous
Qui tant a du ciel par dessoubz

Elle / côme elle a par deſſus
Ceſte figure en monſtre lus.

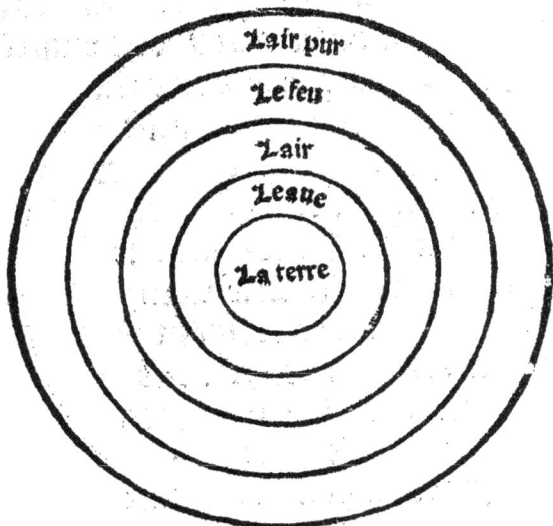

Concentric circles labeled (from outer to inner):
L'air pur
Le feu
L'air
L'eaue
La terre

¶ Cõment la terre ſe tient
ou millieu du monde.

Uincêtius in ſpecu=
lo naturali.li.vj.c.ij
c.iiij.z.c.viij.

Pource que la terre eſt peſant
Plus que n'eſt pas autre elemét
De dens z plus bas ſe tient elle
Des autres / qui ſont autour delle
Car qui plus poiſe et plus bas traict
Et choſe peſante z a ſoy traict
Pour ce nous conuient ioindre a elle
Et tout ce qui eſt actraict delle
Se telle choſe eſtre pouoit
Que en nul lieu ſur terre n'auroit
Eaue ne choſe qui deſtourbaſt
La voye / quel part qu'on allaſt
Tout au tour aller on pourroit
De la terre / côme on vouldroit

Bas et hault/ainsi que feroit
Vne mousche/qui marcheroit
Alentour dune pôme ronde
Ainsi pourroit par tout le monde
Vng hôme tant que terre dure
Tout autour aller par nature
Tant que dessoubz nous il viendroit
Tellement quil lui sembleroit
Que nous feussions pardessoubz lui
Ainsi quil nous feroit de lui
Ses piedz contre nous il auroit
Et sa teste vers le ciel droit
Et si tousiours alloit auant
Droit deuant lui/il yroit tant
Quil reuiendroit sans contredict
Au premier lieu dont il partit
Si deux hômes se separoient
Lun de lautre et ilz sen aloient
Lun tirant deuers orient
Et lautre deuers occident
Et egallement cheminassent
Il faudroit quilz se recontrassent
Dessoubz le lieu dont ilz meurent
Puis/au lieu ou premier furent
Reuiendroient/sans empeschement
Tous deux/ainsi côme deuant
Et lors auroient chascun vng tour
Fait dessoubz terre tout entour
Ainsi entour la terre yroient
Ceulx qui tousiours aller vouldroient
Droit vers le milieu de la terre
Car tous poix deuers elle serre

Et qui plus poise plus se traict
Et plus pres du meilieu se mect
Qui plus la terre caueroit
Plus pesante on la trouueroit
Pour mieulx entendre les alleures
Regardez ces deux figures

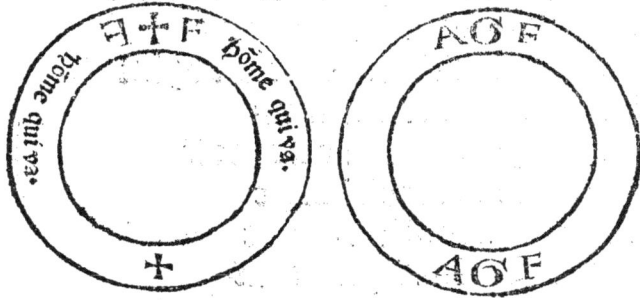

Ais pour la chose mieulx entédre
Pouez vng autre exemple prédre
Se la terre percee estoit
Par le milieu tout alendroit
Tellement quon vist dessoubz elle
Le ciel dautre part parmy elle
Et quon gectast vne plombee
Par dedens la terre percee
Quant elle seroit alendroit
Du meillieu/la demoureroit
Sans plus bas pouoir aualler
Ne pareillement remonter
Excepte que par son fort cheoir
Pourroit auoir aucun pouoir
Quelle cherroit plus en profont
Mais tantost reuiendroit amont
Tant que retourneroit au meilieu

Ne iamais ne bougeroit du lieu
Car lors seroit egallement
Par tout dessoubz le firmament
Qui touliours tourne nuyt et iour
Et par la vertu de son tour
Riens ne peut de lui approcher
Aincois bien loing sen retirer
Dont assez pouez la nature
Entendre par ceste figure.

ET si la terre estoit percee
En trauers côme vne croisee
Et que quatre hômes feussent mis
Aux quatre boutz des deux ptuyz
Et chascun gectast sa pierre
Par les ptuyz dedens la terre
Chascune au meillieu sarrestroit
Et plus oultre ne passeroit
Selles estoient toutes dun poix
Elles viendroiét a vne foiz
Aussi tost lune côme lautre
Car nature ny feroit autre
Chascune vers lautre viédroit
Côme il appert icy endroit

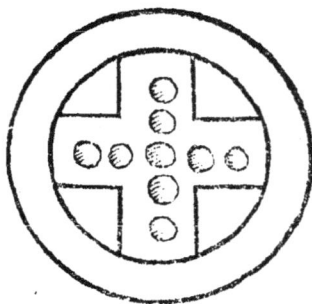

e iiij

Ⲧ ſe le poix/bien pareil neſtoit
De chaſcune/quant elle cherroit
Celle qui plus peſante ſeroit
Pluſtoſt au meilieu ſe trouueroit
Et les autres tout entour contre
Cõme ceſte figure monſtre

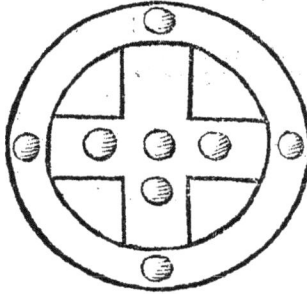

ⲈT tant gecter on en pourroit
Que les pertuyz on rempliroit
Ainſi quilz eſtoient pardeuant
Et de ce vous ſouffiſe atant

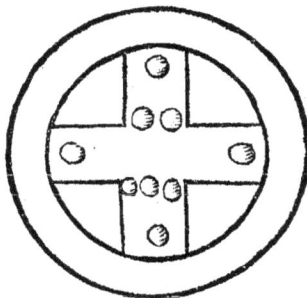

Plinius in naturali
hiſtoria, li.ij.c.lxvj.

Quelle eſt la rõdeur de la terre
Roez apres ſil vous plaiſt
Jõme la terre en rondeur eſt
Qui pourroit tant en hault mõter

Dedens lair/quil peust regarder
Toute la terre en vaulx et plaines
La haultesse des grans montaignes
Et les grandes valees profondes
Les flotz de mer et les grans ondes
Lui sembleroient toutes de voir
Enuers la terre moins paroir
Que ne feroit vng cheueu dôme
Sur son doy/ou sur vne pôme
Et nempeschent quelle ne soit
Toute ronde en chascun endroit
La terre donc côuient ronde estre
Pour plus de bien y pouoir naistre
Si vous diray apres pourquoy
Le monde est fait tout ront en soy.

¶ Pourquoy dieu fist le môde ront.

Jeu forma le monde tout ront
Car de toutes formes qui sont
Tant soient de diuerse maniere
Ne peut nulle estre si planiere

Uincêtius vbi supra
proxime.li. vj.

Ne tant pourprendre par nature
Côme fait la ronde figure
Car de toute autre est la plus ample
Dont prendre pouez cest exemple
Quil nest hôme tant fust habille
En euure/ne tant entendible
Qui peust faire pour nulle rien
Aucune forme de merrien
De metal/de pierre/ou de fust
Ne vaisseau qui si ample fust
Ne qui tant tint en nul endroit

Côme celui qui ront feroit
Ne qui dedens foy tant pourpzift
Et neft figure que lon fift
Qui tellement fe peuft auoir
De toutes pars fans remouuoir
En nul fens que lon peuft entendze
Quil ne luifaillift compzendze
Autre lieu que celui deuant
fozs le monde tant feullement
Qui tout entour fe peut mouuoir
Et autre lieu ne peut auoir
Que le fien duquel nullement
Ne fofte/mais touliours fe y tient
Dont en pouez beoir la nature
En cefte quarree figure
Qui mile fuft foubz bne ronde
Ou foubz autre qui ne fuft ronde
Les faifant tourner toutes deux
Les quantons/pzendzoient diuers lieux
De celle qui ronde ne feroit
Ce que la ronde pas ne feroit.

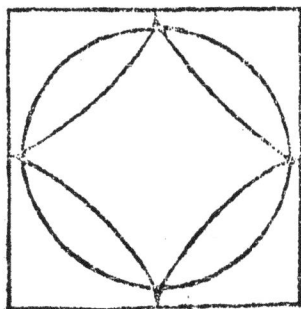

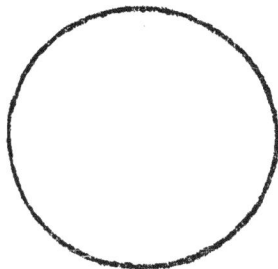

Ncores vne autre chose est
Que soubz le ciel riés encloz nest
Tant soit de diuerse faicture
Qui iamais se peust par nature
Si tost mouuoir que chose ronde
Pour ce fist dieu tout ront le monde
Ace que mieulx se peust emplir
Et de toutes pars acomplir
Car riens ne voulut laisser vuide
Que emply ne fust côme ie cuyde
Mouuement côuenoit auoir
Du ciel qui trestout fait mouuoir
Et vistement mouuoir côuient
Tel lieu/dont tout mouuement vient
Car tout mouuement/du ciel meut
Et sans luiriens mouuoir ne peut.

De la promptitude ⁊ velocite du cours du firmament.

Ieu dôna au ciel mouuement
Qui va si tost parfaictement
Que nul ne le pourroit penser
Ne pas/ne le nous peut sembler
Pour sa grandeur/ne quil feroit
A aucun hôme/qui verroit
De bien loing/vng cheual courant
Dessus vne montaigne grant
Lequel ne lui sembleroit pas
Quil allast a peine le pas
Et tant plus loing ille verroit
Moins tost aller le congnoistroit
Le ciel si grande haulteur a

Plini⁹ in naturali
historia.li.ij.c.iij.
Aristo. in li. de celo
et mondo,

Que se vne pʒe estoit la
Si hault que les estoilles sont
fut elle en carrure ou en ront
Et du monde la plus pesante
Auant quelle eust fait sa descente
Ne iusques a terre feust venue
Cent ans mectroit/cest chose sceue
Toute la terre en sa rondeur
Na/quant au ciel point de grandeur
Non plus que vng petit point auroit
Qui dedens vng cercle seroit
Le plus grant que lon sceust point faire
Dessus la terre/ne pourtraire
Se vng hôme estoit ou ciel la sus
Qui regardast vers terre ius
Et que la terre feust toute ardant
Côme seroit vng tison flâmant
Plus petite lui sembleroit elle
Que a nous ne fait la maindʒe estoille
Que dedens le ciel nous voyons
Et que aparceuoir nous pouons
Par cecy pouons bien sauoir
Côme au ciel côuient tost mouuoir
Car faire lui conuient vng tour
Entour la terre chascun iour
Sicôme apparceuoir pouons
Par le soleil que nous voyons
Matin leuer vers oʒient
Et coucher deuers occident
Tousiours allant et tournoyant
Tant quil retourne en oʒient
Du il se lieue com deuant

Et lors il a parfaict son tour
Que lon nôme naturel iour
Qui iour et nuyt en soy contient
Ainsi va le soleil et vient
Sans nullement auoir repos
Tout ainsi côme font les cloz
Qui sont fichez en vne roe
Lesquelz tournent auec la roe
Mais pour ce quil a mouuement
Contre le tour du firmament
Nous dirons vne autre raison
Se vne mousche alloit enuiron
Vne roe qui tournoyast
Et que la mousche encontre alast
La roe auec soy la merroit
Qui plusieurs tours faire pourroit
Deuant que la mousche alentour
De la roe eust parfait son tour
Ne retournee au premier point
Encore ya vng autre point
Le soleil et aussi la lune
Sont par la voye cômune
Des sept planetes que ou ciel sont
Qui par tel voye toutes vont
Tousiours tirans vers orient
Et le ciel tourne en occident
Côme sa nature lincline
Et atant ceste partie fine
Pour deuiser en la seconde
De la terre/et la mape monde
Et la forme du firmament
Qui iusques aux estoilles se tient.

¶ Ly cōmance la seconde partie.

Dis que la terre est si petite
Cōme deuant lauons descripte
Non plus doit on priser les biēs
Enuers ceulx du ciel que siens
Nest extime enuers or fin
Car riens ne vallent en la fin
Et pour ce quil nous est aduis
Quelle est grande en ferons deuis
Et si la vous diuiserons
Briefuement ainsi que saurons.

¶ Cōme la terre est diuisee en diuerses
parties/ɫ quelle part elle est habituee.

Uincētius in specu-
lo naturali in princi-
pio tricesimiscōi li-
bri viɔɂ ad.xxj.c. Et
idē.li.vj.c.rvj. cū se
quētibus capitulis
Et idē.li.xxxj.c.xxvj
cum sequētibus ca-
pitulis.
Et cronica mōdi cū
suis figuris in prin-
cipio secūde etatis.

Dis que auez entendu en somme
Que la terre cōme vne pōme
Est toute ronde en toutes pars
Dicelle ne sont les trois pars
Habituees de nulle gent
fors vng quartier/tant seullement
Cōme philozophes ont enquis
Qui peine et grant estude y ont mis
A ceste cause la partirons
En quatre pars et diuiserons
Cōme vous pourrez bien ample
Par vne pōme prendre exemple
Qui parmy partie seroit
En quatre quartiers bien adroit
Par moictie de long et de le
Puis fust lun des quartiers pele
Et estendue la pelleure
Pour mieulx entendre la figure

Toute entiere parmy vng plain
Ou au meillieu de vostre main
Tant est de la terre habitee
Dunt lune moictie est nõmee
Oriant/et lautre occidant
Et la ligne qui en deux fent
Sappelle et ainsi ie le di
La droicte ligne de mydy
Pour entendre la partisture
Regardez en ceste figure

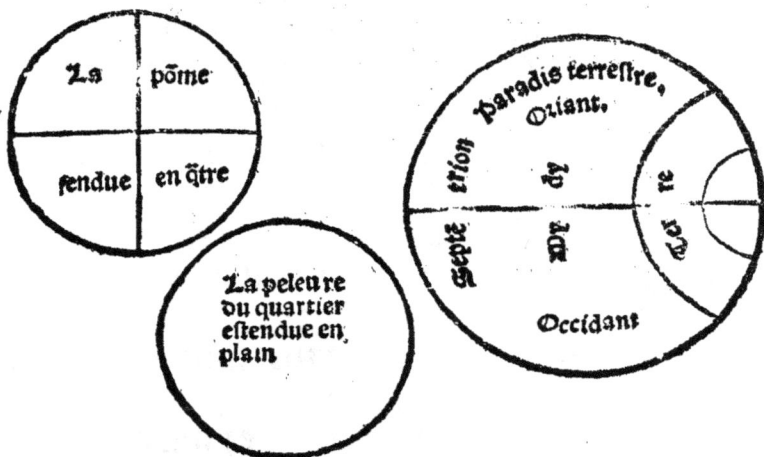

La põme

fendue | en qtre

La peleure
du quartier
estendue en
plain

Septentrion paradis terrestre, Oriant,
mydy
Terre
Occidant

T en la fin de ceste ligne
Ainsi quelle va droit + ligne
Y fut vne cite fondee
Qui a aron aeste nõmee
Elle siet ou millieu du monde
Et si fut faicte toute ronde
La fut trouuee astronomie
Premierement/par grant maistrie
Le droit mydy gist en ce lieu

Du monde aſſis ou droit meſſlieu
Lautre bout de laḋ.ligne
Qui deuers ſeneſtre ſe ligne
Appelle lon ſeptemtrion
Prenant de ſept eſtoilles nom
Et tourne vers la tranſmontaine
Qui par mer les mariniers maine
℃ Lautre ligne qui eſt parmy
Qui tranche ou milieu le mydy
Et enuers la fin dorient
Et com les acteurs vont diſant
La eſt terreſtre paradis
La ou adam fut mis iadis
Le lieu / eſt orient nōme
Car la nous eſt le ſoleil ne
Qui iour nous rend tout enuiron
Lautre chef occident a nom

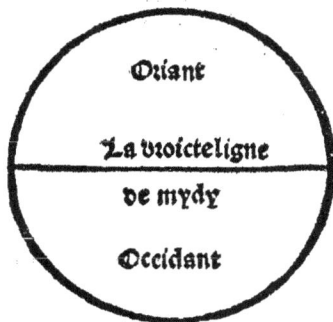

Oriant

La droicteligne

de mydy

Occidant

Où le iour fault et obſcurciſt
Et le ſoleil celle part giſt
Ainſi ont par telle raiſon
Les quatre pars du monde nom

La premiere est dicte oriant
La seconde apres occidant
Et la tierce mydy a nom
Puis la quarte septemtrion
Les quatre lieux que ie vous dis
Qui en vng quartier sont assis
De toute la terre du monde
Doiuent auoir leur forme rōde
Car nature veult que ront soit
Tout le mōde en chūn endroit
Pource entendez q̃ ce quartier
Doit estre tout ront par entier
Or mettez parmy vne ligne
Que oriant et occidant signe
Cōme pouez plus a plai veoir
Par ceste figure et sauoir

Dis apres soient les deux parties
Entierement bien departies
Dont chascune face le quart
Cōme ceste figure part

Ource que ou quartier dessusmis
Sont assignees quatre parties
Il cōuient par telle raison

f

faire vne autre diuision
Dont la part deuers oziant
Est appellee asie la grant
Pour vne royne ayant tel nom
Dame dicelle region
Autant tient ce lieu de longueur
Que les deux autres/et largeur
Pourquoy asie la grant a nom
Qui dure des septemtrion
Par ozient iusque a mydy
Com la figure monstre icy

Autre partie print son nom
Dune royne que europe eut nom
Pour celui fut elle appellee
Europe/qui a sa duree
Doccident en septemtrion
Iusque ou asie prent son nom
Lautre est affrique qui sextent
De mydy iusque en occident
Affrique est de afer nómee
Qui est adire apportee

Ainsi en trois pars se diuise
Côme ceste figure est mise.

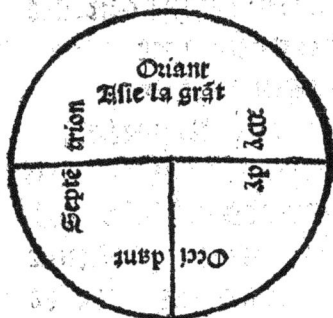

Côme ceste figure est mise.

Oriant
Asie la grât

Septêtrion

Midi de

Occidant

℃Ly cômance la mape monde.

E ces trois pars dessus nômees
Chascun tient maintes contrees
Et maintes longues regions
Dont de toutes dirôs les noms
Et des bestes les noms daucunes
Que en icelles sont plus cômunes
Aussi parlerons de leurs formes
Qui sont estranges et enormes
Des gens/des bestes/des poissons
Qui sont en celles regions
Selon des liures la deuise
Sur lesquelz ceste mape est prise

℃De paradis terrestre que ce st. Et ou il est.

Aradis terrestre est assis
Et en la premier region mis
dasie/ou tant a de soulas
Que nul ne pourroit estre las
Dy estre ne soy enuieillir
Tant est le lieu plain de plaisir

Uincêtius ybi supra
proxime.Et cronica
mondi similiter,

f ij

Et dedens est larbre de vie
Dont adam eut du fruict enuie
℃Qui de ce fruict menger pourroit
Jamais mourir il ne sauroit
Mais nesthôme qui y allast
Que lange ou dieu ne lui portast
Car il est cloz de feu ardant
Qui iusques aux nues va flâmant
Vne fontaine est leans qui produict
Quatre gros fleuues côme lon dict
Dont lun diceulx phison a nom
Du ganges ainsi lappelle on
Qui par plusieurs lieux dynde court
Et du mont orcobares sourt
Qui du coste dorient siet
Puis en la mer indique chiet
℃Lautre est dict et nôme geon
Qui de nylus a puis prins nom
Lequel toute affrique depart
Et ethiope mect apart
Puis sept parties de lui se font
Qui toutes par egipte vont
Pour la terre illec arrouser
finablement cheent en la mer
Degipte/que lon dict moyenne
Ou autrement mediterrêne
℃Tigris aussi et eufrates
Sourdent en armenie/aupres
Dune grant montaigne enuiron
Qui paracoatra.a. nom
Tous deux vont par mainte contree
Tant que tigre fait son entree

Selon aucuns dedens la mer
Qui persique se fait nõmer
Mais dautres disent par effect
Que dedens la rouge se mect
En la quelle pareillement
Eufrate se mect et descent
Hors paradis a lieux diuers
Car tout entour sont grans desers
Garniz de diuerses manieres
De bestes/cruelles/et fieres
Pour lesquelles nul noseroit
Y aller/aussi ne pourroit
En oultre y sont plusieurs geans
Qui destruiroient petiz et grans

¶De ynde et des choses qui y sont

Vincẽti⁹ vbi supza.
Et cronica mundi
similiter.

Pres vient la contree dynde
Qui pour vne eaue q̃ sapelleynde
Qui vient deuers septẽtrion
Lui aeste baille ce nom
Elle est par tout enuirõnee
De la grant mer et circũdee
Dedens est taprobane/vneysle
De dix citiz/et manite ville
Chascun an y sont deux estez
Et deux yuers/si atrempez
Quil ya verdures et flozs
Et fueilles et herbes tousiours
Plantereuse est/doz et dargent
Et dautres biens/fozt habondant
La sont les grans montaignes doz
Pierreries/et autre trelozs

Mais appiocher on nen lauroit
Ne nul y aller noseroit
Pour les tigres et les dzagons
Leons/serpens/et les griffons
Qui y sont/et bestes volaiges
Qui ont corps de leons sauuaiges
Lesquelz tout arme emporteroient
Vng hôme/se saisy lauoient
Maints lieux y sont si tresplaisans
Si beaux/et si resioissans
Que se vng hôme estoit dedens mis
Il cupdzoit estre en paradis.

⸿ De la diuersite des gens
et des contrees dynde.

Uicêti⁹ vbi supza.
Et cronica mundi
similiter. vbi. supza.

Nynde est le mons caspieux
Qui est grant et spacieux
Du furent dedens enfermez
Certaines gens qui sont nômez
Gotz et magotz/par alexandze
Selon ce que say peu compzendze
Gens sont de mauuaise nature
Et qui nont de bien faire cure
Chair dôme et autre mengent crue
Qui est chose bien incongrue
⸿ Ceste ynde dont nous vous parlons
Tient ving et quatre regions
Et en chascune a moult de gens
Et des bois si hault et si grans
Quilz transcendent oultre les nues
Gens y a courtes et menues
Qui nont de hault que deux coudees

Et vont par grandes assemblees
Car souuentesfoiz ilz bataillent
Contre les gotz qui les assaillent
Dedens sept ans ilz senuieillissent
Et apres meurent et finissent
Les gens sappellent pigmenains
Et sont tous petiz côme nains
Vers iceulx croist le popure grant
Mais ya de vermine tant
Au lieu/quil y côuient bouter
Le feu/pour la vermine oster
Et côme on la brusle ainsi
Le poure est tout crespe et noircy
Autres gens ya quon appelle
Groins braymans/de nature telle
Que pour la vie dautruy garir
Se mectent ou feu pour mourir
Encores ya dautres gens
Qui pere et mere et leurs parens
Quant ilz sont vielz pres de mourir
Les sacrissient/et vont offrir
Et puis en mengussent les chairs
Et tiendroient pour folz et eschars
Ceulx qui ne feroient ainsi des leur
Car ilz tiénent cela/a hôneur
A richesses/et a grans biens
Pour ce ainsi fait chascun des siens
¶ Vers oriant a vne gent
Qui le soleil tant seullement
Adorent/et pour dieu le tiénent
Pour les grans biés qui par lui viénent
Et pour ce que au monde ne voyent

Si belle chose /en lui filz croyent
¶ Autres gens ya tous veluz
Qui les poiffons menguffent cruz
Et boiuent eaue de mer falee
Plus ya vers celle contree
Aucuns monftres /qui ont leur forme
De moictie befte /t moictie hôme
¶ Autres gens encores y font
Lefquelz en leurs piedz feptz doiz ont
¶ Dautres monftres ya en fôme
Qui /fors la tefte /ont forme dôme
Et côme vng chien ont leurs teftes
Ce font fort horribles beftes
Car a leurs ongles tout arreftent
Et de peaulx de beftes fe veftent
Les voix ont côme abaiz de chiens
¶ Dautres ya nômez ciclopiens
Qui vont plus vifte que le vent
Et nont que vng pie tant feullement
Dont la plante eft fi longue et large
Quilz fen couurent com dune targe
Et fen font vmbre pour le chault
Quant deffus eulx le tiênent hault
¶ Dautres y font /qui nont que vng oeil
Dedens leur front /cler et vermeil
¶ Dautres fortes de monftres font
Que leur face en la poictrine ont
Et vng oeil en chafcune efpale
La bouche et le nez leur auale
Ayans du poil foubz le mufeau
En facon dun groing de pourceau
¶ Auffi vers le fleuue de ganges

Sont des gens courtois et estranges
Qui ont droicte figure dôme
Et de lodeur daucune pôme
Viuent sans plus/et silz vont loing
La pôme leur fait tel besoing
Que si mauuaise odeur sentoient
Sans la pôme tantost mouroient

☙ Des serpens et autres bestes dynde.

Uincentius vbi supra.

Nynde a serpens de tel force
Quilz deuorêt les cerfz par force
☙ Autres bestes y sont trouuees
Qui cenciroles sont nômees
Cornes de cerf ont sur leurs frons
Poictrine et cuysses de lions
Piedz de cheual et grans oreilles
Portent ou front/qui est merueilles
Leur bouche ronde et leur museau
Ainsi que le chef dun toreau
Leurs yeulx ont lun de lautre pres
Et la voix dôme ont apeu pres
☙ Vne autre ya bien fiere beste
Qui côme vng senglier a la teste
Corps de cheual queue delefant
Deux cornes dune aulne de grant
Dont lune sur son dos abat
Quant de lautre elle se combat
☙ Ceste beste est noire et horrible
En eaue et en terre penible
La sunt toreaux qui tous bleuz sont
Qui grosse teste et la bouche ont
Si large que la fendure

Dune oreille a lautre dure
CEn ynde vne autre beste ya
Quon appelle manticora
Vilaige dôme a.mais les dens
Sont en sa bouche par trois rens
Yeulx de chieure corps de lion
Et la queue descorpion
Voix de serpent/et par doulx chant
Attraict/et deuore la gent
Et est plus legiere daller
Que nest vng oyseau de voler
Beufz ya quiles piedz rons ont
Et trois cornes dedens le front
CVne beste de belle facon
Yest quon nôme monoceron
Corps de cheual/piez delephant
Teste de cerf/voix clere et grant
La queue/ainsi que pourceaux ont
Vne corne a/dedens le front
Qui a quatre piedz de longueur
Et droicte/et poinctue en rondeur
Et tout ce qui lui vient deuant
Perce et destrampt incontinant
Et se prinse est p quelque sorte
De despit elle est tantost morte
¶Mais estre prinse ne peut elle
Que par vne belle pucelle
Qui bien chante/vng peu se descouure
Et apres son giron lui ouure
Lors tantost va la beste et court
Vers la pucelle puis sendort
En son giron/moult simplement

Et lors la prent on en dormant
¶ Vne autre beste ya en ynde
Moult fiere qui a couleur ynde
Que tigre par nom on appelle
Si fort court/et est tant cruelle
Que quant les veneurs chasser y vont
Pour prendre autres bestes qui y sont
Jamais dillec neschapperoient
Se par la voye ne mectoient
Des mirouers/ausquelz sarrestét
Le so bestes/et se mectent
A regarder dedens iceulx
Qui de se veoir sont fort ioyeulx
Cuydans que ce soient leurs enfans
Et vont tout autour tournoyans
La/tellement a amulez sont
Que tandis les veneurs sen vont
Et souuent y sont si surpris
Quon les pourroit prendre tous vifz
¶ Vne autre beste ya encor
Laquelle on appelle castor
Et quant on la chasse pour prendre
Aux dens se chastre/sans actendre
Que prinse soit/en delaissant
A ceulx la qui la vont chassant
Ce que delle veullent auoir
Pour se sauuer/fait tel deuoir
¶ Vne autre beste y habite
Côme soriz/ainsi petite
Qui vne bosse a sur elle
Et musquiliat sappelle
De laquelle grant odeur part)

Les arbres secz sont celle part
Qui parlerent a alexandre
Aussi y est la salemandre
Qui vit ou feu/et sen repaist
Et dicelle vne layne naist
Dont on fait ceintures et draps
Que le feu brusler ne peut pas
Vne soriz y a si grant
Côme vng chat et bien fort courant
Vers oriant sont les lions
Qui le tiers iour vont vers leurs faons
Apres quilz sont nez pour les paistre
Car plus tost vie/ny peut estre
Des autres bestes sont vainqueurs
Et dicelle dominateurs
Et quant de leurs petiz sen vont
De leurs queues leurs traces deffont
Pour les veneurs qui pour les prendre
Les chassent/pour auoir ou vendre
Le lion craint/et se humilie
Vers son mainstre/quant il chaistie
Ou bat deuant lui le chien
Et le doubte sur toute rien
Du premier an la leônesse
A cinq leons/mais apres ce
Chascune foiz diminue de vng
Tant que ala fin nen porte que vng
Et atant cesse sa porture
Sans ce que plus louguement dure
Plus y a en celle contree
Vne beste/lazan nômee
Petite elle est/et tant rebelle

Si tres fiere/et si fort cruelle
Que nulle autre beste nest seure
Deuant elle/et a tel nature
Que le leon doubte et le fuit
Car souuent loccist et destruit
¶ Vne autre celle part conuerse
Qui a mainte couleur diuerse
Blanche et noire est/et belle et gente
panthere a nom/si odorante
Et si bone senteur part delle
Que les bestes vont apres elle
Et quant elle est bien saturee
De la proye quelle a trouuee
¶ Trois iours dort/tout entierement
Et quant sesueille vng odeur vient
Si souef par sa bouche dehors
Que les bestes y courent lors
Pour sentir celle grant doulceur
fors le serpent/car bon odeur
Luy nuyst/tant quil en meurt souuent
¶ Ceste beste na seullement
Que vne foiz faons et quant les doit
faouner/a le mal si estroict
Que aux ongles ront sa matrix hors
Tant que le faon/en sort dehors
parquoy iamais puis ne sauroit
porter faon/et ne pourroit
¶ En capadoce a des iumens
Qui concoiuent depar les vens
Mais ilz ne durent que trois ans
Celle part sont les elephans
Grans bestes/fors/combatans

Perillieux font/et dangereux
Car ilz font fiers et couraigeux
Par tous lieux folent bien esbatre
Et fur eulx fe fouloient combatre
Ceulx dynde et de perfe fouuent
Car leur dos porte vne tour grant
De fuft/de gens plaine et armee
Qui foubz leur ventre eft bien fanglee
Ilz ont long mufeau pardeuant
Dont ilz mengullent/large et grant
Lequel faifift deuore et prent
Vng home tout foudainement
Quant alexandre fen alla
Pour batailler contre ceulx la
Qui deffus lefo.elephans
Combatoient contre toutes gens
Pour les vaincre plus aifeement
Fift faire bien fubtillement
Daiffeaux darain/en forme dome
Tous plains de feu/et ainfi come
Ses gens pour batailler alloieut
Deuant eulx les vaiffeaux menoient
Pour fe garder des elephans
Qui cuydoient que ce feuffent gens
Et ainfi come ilz les happoient
De leurs mufeaux/ilz fe brufloient
Tant que plus napprochoient les homes
Pour les femblances de leurs formes
Mais tenoient leurs mufeaux tous haulx
Cuydans que tous feuffent fi chaulx
Queftoient les deffuo.vaiffeaulx
Pourquoy furent ces gens conquis

par alexandre et desconfiz
¶ Elephans vont fort simplement
Ensemble et bien accordáment
Leschine baissent quant sencontrent
Et signe deulx saluer monstrent
Ilz sont de moult froide nature
Et leurs dens sont dyuoire pure
Lequel yuoire est si trelfort
Que puis que dessus lui seroit
Vng linge sur lequel fust mis
Vng charbon de feu bien apris
Le linge pas ne brusleroit
Ains le charbon samortiroit
¶ Ilz nont que vne foiz en leur temps
Leurs petiz/quilz portent deux ans
Trois cens ans vit/la souriz doubte
Coleuure et vermine toute
Se la couleuure a lui se prent
Elle labat/et mort en prent
Ses petiz en vng lieu abscont
Du crapaux ne coleuures sont
Tousiours en leaue ellyp les fait
Car si sur terre les faisoit
Facillement tomber pourroient
Et iamais ne se leueroient
Car ilz ont les os de nature
Des iambes et piedz sans ioincture
Et quant se veullent reposer
Contre vng arbre se vont poser
Pour sapuyer et seiour prendre
Et pour plus aiseement les prendre
Larbre ou fait a peu pres syer

Par le bas/et quant sappuyer
Retournent/cõme parauant
Larbre chet/et eulx quant et quant
Et congnoissans/que pouoir nont
Deulx releuer/de dueil quilz ont
A crier et gemir se prénent
Tant que aucunesfoiz vers eulx viénent
Autres elephans leur ayder
Mais quant ne les peuent redrecer
Ilz crient et menent doleur grant
Et les petiz qui sont ioignant
Soubz eulx se mectent/et soubz lieuent
Tant que aucunesfoiz les relieuent
Et ainsi seschapent de mort
Aucunesfoiz par tel confort
Mais quant ne les peuent releuer
Et quilz sont contrains les laisser
Ilz sen retournent gemissans
Cõme marriz et desplaisans
Et puis apres les veneurs viénent
Deuers les autres/et les prénent
Par leurs engins/et instrumens
Ainsi prent on les elephãs
℃ Du fleuue dynde nõme ganges
A des anguilles/a grans ranges
Qui ont trois cens piedz de longueur
Et sont de fort bõne saueur
℃ Mainte autre beste orguilleuse
A/en ynde/fiere/et hydeuse
Dragons/serpens/et autres bestes
Qui cheueux ont en piedz et testes
Illec les baseliques sont

Qui si venimeux regart ont
Que dicelui tant seullement
Font mourir/les oyseaux et gent
Teste ont de coq/corps de serpent
Et nulle beste a lui se prent
Sur tous serpens est roy et maistre
Côme lon dit le lion estre
Sur toutes bestes le seigneur
Le plus doubte/et le greigneur
Blanc et rouge il est ca et la
Et la terre par ou il va
Jamais depuis herbe ne porte
Qui plus est/les arbres amorte
Sil mort beste ne autre chose
Jamais beste approcher ny ose
ℂ Plus/a en celle region
Serpens/a corne de mouton
℃ Ung autre ya/nôme aspis
Qui ne peut estre nul iour pris
Nenchante/sinon par doulx chant
Auquel moult grant plaisir il prent
Mais com le chant premier escoute
Sa queue en ses oreilles boute
Quil ne loye/et soste du lieu
Afin que point ne soit deceu
℃ Autre ya/tigris appelle
Duquel est fait et compille
Le triacle/qui est requis
Contre venin/et fort exquis
℃ Une maniere ya de vers
Quiont deux braz/longs et diuers
Desquelz les elephans abatent

g

Et retiénent/quant les atrapent
℃Le serpent vit moult longuement
Et quant vieil et foible se sent
Il se confont par fort ieuner
Et se laisse tant affamer
Que peu demeure de son corps
Lors se mect par vng ptuyz hors
Dune pierre fort estroict
Et se mect oultre a tel destroict
Que entiere y demeure sa peau
Puis lautre lui vient de nouueau
Et ainsi reforme son aage
Cöme beste prudente et saige
℃Dautres serpens/encores y sont
Qui en leurs testes et yeulx ont
Maintes pierres precieuses
De maintes vertuz plantureuses

℃Des pierres dynde et de leurs vertuz.

Licéti9 vbi supra.

Nynde est et croist laymant
Qui pierre est de vertu grant
A lui traict le fer et rauist
Par la vertu qui en luy gist
℃Aussi y vient le daymant
Quon ne pourroit aucunement
Tailler ne rompre/tant est dur
Que par le sang du beuf tout pur
℃Autre y a de grant renömee
Qui esmeraulde est appellee
Qui moult fort les veines conforte
Quant sur soy on la tient et porte
Le scharboucle y est si luysant.

De nupt/cóme vng charbon ardant
Le saffir aussi/qui lenfleure
Oste des yeulx et lenflâmeure
Topaces qui ont couleur doz
Et rubiz qui vault mieulx encoz
Pzou dautres pierres y sont
Qui grans bontez et vertuz ont
Mais qui veult sauoir leur afaire
Si voise lire ou lapidaire
Qui dit leurs noms et leurs vertuz
Car ozes cy nen dirons plus

℥Des contrees et regions dasie
et de leurs choses.

EN ynde a de moult grans contrees
De gens et de bestes peuplees
Et tient.xxxiij.regions
Dont de partie dirons les noms
℥Perse en est vne contree
Ou pzemierement fut trouuee
Vne art/qui nigromance a nom
Quénemy fait estre en pzison
℥Vne poix y est/quiy vient
Qui est chaulde quant on la tient
Laquelle croist et puis descroist
Ainsi que lon voit et congnoist
De ceste poix saydent les gens
Lesquelz sont nigromanciens
℥Apzes est mesopotanie
Ou nynyue fut establie
Cite moult grant et renómee
Car de long eut trois iours dalle
℥Vne tour a en babilonie

Qui faicte fut moult a grant peine
Dont la muraille est moult belle
Et la tour babel sappelle
La quelle du hault iusque en bas
Apres de quatre mille pas
¶En la region de caldee
Fut astronomie trouuee
En icelle est la terre sabe
Pareillement tarse et arabe
Desquelles trois/les trois roys furent
Lesquelz incontinant quilz sceurent
Matheus.ij..
Que ne fut ihesus/et le lieu
Vindrent ladorer côme dieu
La croissent le mirre et lencens
Et peuplee est de maintes gens
¶Assirie est grant region
Fenice aussi qui prent son nom
Dun oyseau qui fenix sapelle
Qui seul est/et de couleur belle
Quant il meurt aussi tost reuit
Grant est de corps côme lon dit
Dessus son chef a vne creste
Côme vng paon a sur sa teste
Il a le col et la poictrine
De couleur dor/qui lenlumine
Le dos a/de rouge couleur
Et la queue/en façon dasur
Et quant longuement a vescu
Et son temps de mourir venu
Il vole sur vne montaigne
Bien haulte/ou est vne fontaine
Qui moult est grande / large et belle

Ong hault arbre est dessus icelle
Ou son nyd et sepulcre fait
Despices/puis quant est pfaict
Dedens se mett/les aisles tend
Vers le soleil/et sen bat tant
Que le feu se prent et alume
Dedens son nyd/et en sa plume
¶Tant que tout ars et brusle est
Et de la cendre/vng autre en naist
¶Puis vient damas et antioche
Ou maint chastel y a surroche
palestine et puis samarie
Saluste aussi penthapolie
Y sodome et sodome y furent
Deux citez qui periller deurent
Vers celle part est la mer morte
Qui riens en elle de vif porte
¶Ysmelite vne autre contree
Y est/la quelle est habitee
De douze manieres de gent
Apres vient egipte la grant
Ou nue/ne pluye ne vient
Qui .xxiiij. peuples tient
¶Plus a vne autre region
Grande/deuers septemtrion
Ou demourer nulz hōmes vont
fors fēmes/qui moult fieres sont
¶Car contre les hōmes combatent
En champ/et maintz y en abatent
Armees sont cōme vng cheualier
Et ont leurs tresses par derrier
fēmes sont de grande prouesse

g iij

Qui faicte fut moult a grant peine
Dont la muraille est moult belle
Et la tour babel sappelle
La quelle du hault iusque en bas
Apres de quatre millepas
℃ En la region de caldee
Fut astronomie trouuee
En icelle est la terre sabe
Pareillement tarse et arabe
Desquelles trois/les trois roys furent
Lesquelz incontinant quilz sceurent
Que ne fut ihesus/et le lieu
Vindrent ladozer côme dieu
La croissent le mirre et lencens
Et peuplee est de maintes gens
℃ Assirie est grant region
Fenice aussi qui prent son nom
Dun oyseau qui fenix sapelle
Qui seul est/et de couleur belle
Quant il meurt aussi tost reuit
Grant est de corps côme lon dit
Dessus son chef a vne creste
Côme vng paon a sur sa teste
Il a le col et la poictrine
De couleur dor/qui lenlumine
Le dos a/de rouge couleur
Et la queue/en facon dasur
Et quant longuement a vescu
Et son temps de mourir venu
Il vole sur vne montaigne
Bien haulte/ou est vne fontaine
Qui moult est grande / large et belle

Matheus.q..

Vng hault arbre est dessus icelle
Ou son nyd et sepulcre fait
Despices/puis quant est pfaict
Dedens se mect/ses ailles tend
Vers le soleil/et sen bat tant
Que le feu se prent et alume
Dedens son nyd/et en sa plume
Tant que tout ars et brusle est
Et de la cendre/vng autre en naist
¶Puis vient damas et antioche
Ou maint chastel y a sur roche
Palestine et puis samarie
Saluste aussi penthapolie
Y sodome et sodome y furent
Deux citez qui periller deurent
Vers celle part est la mer morte
Qui riens en elle de vif porte
¶Ysmelite vne autre contree
Y est/la quelle est habitee
De douze manieres de gent
Apres vient egipte la grant
Ou nue/ne pluye ne vient
Qui.xxiiij.peuples tient
¶Plus a vne autre region
Grande/deuers septemtrion
Ou demourer nulz hommes vont
fors femes/qui moult fieres sont
Car contre les hommes combatent
En champ/et maintz y en abatent
Armees sont come vng cheualier
Et ont leurs tresses par derrier
femes sont de grande prouesse

g iij

De vaillance/et de hardieſſe
Telles tenues et renõmees
Et amazones ſont nõmees
Les hõmes ont/pres de leur terre
Leſquelz chũn an vont requerre
Deſtre auec elles iuſques atant
Quelles ſe ſentent groſſes denfant
Lors ſe departent et ſen vont
Et quant acouchees elles ſont
Si ceſt fille/elles la gardent
Et ſi ceſt filz/guieres ne tardent
De léuoyer hors de leur pays
Quant nourry loɾt cinq ans ou ſix
¶ fémes ya dune autre ſorte
Dont chaſcune en bataille porte
Ses armures toutes dargent
Car de fer nont aucunement
¶ Es bois dynde autres fémes ſont
Qui les barbes ſi longues ont
Que ſur leurs mamelles ſarreſtent
Et de peaux de beſtes ſe veſtent
Et viuent de beſtes ſauuaiges
Quelles prénent par les bocaiges
¶ Plus ya dõmes et fémes nudz
Nicolaus venet⁹ in
deſcriptione yndie.
Qui cõme beſtes/ſont tous velluz
En eaue/et en terre habitans
Et quant ilz voyent venir les gens
Dedens leaue ſe gectent alors
Afin que prins ne ſoient dehors
¶ Ceſte induſtrie ⁊ aduis ont
Que de nuyt des pierres font
Sortir/le feu pour lalumer

Dessus la riue de la mer
Lequel ilz font flámer tantost
Afin que les poissons plus tost
Se viénent a la clarte rendre
Pour plus facillement les prendre
Lesquelz ilz mengussent tous cruz
Ainsi viuent ces gens veluz
¶ Autres sont grans côme geans
Et côme bestes mugissans
¶ Autres fémes ya pareilles
Blanches côme naige et moult belles
fors tant que dens ont de chien
Et dedens leaue se tiénent bien
¶ Vne grant region ya
Qui.xliij peuples a
La/sont oyseaur plains de desduit
Dont les plumes/luysent de nuyt
Celle part sont les papegaiz
Qui ne sont pas plus grans que sayz
Tous vers et luysans côme vng paon
Dont les plus gentilz ce dit on
Ont en leurs piedz chûn cinq doiz
Et les vilainsnen ont que trois
Leur queue ilz ont longue et estroicte
Côme vne pie/et ainsi droicte
Le bec crochu côme vng faulcon
Et aparler leur aprent on
¶ Autre oyseau ya qui sapelle
Pellican/de nature telle
Que sil treuue ses petiz mors
Du nyd/quant il vient de dehors
De leur pourchasser leur pasture

Tantost du bec se fait morsure
En sa poictrine/iusqne atant
Que sur eulx de son sang respant
Dont incontinant vie reprenent
Et ou premier estre reuienent
℀En albanie a vnes gens
Qui trestous ont les cheueux blancs
℀Vng hault mont en armenie a
Ou larche noe reposa
Apres que les eaues sabaisserent
Du deluge et se retirerent.

℀Dasie la mineur et de ses regions.

Vincentius vbi supra.

Pres vient asie la minour
Qui close est de mer tout entour
La ou sont maintes regions
Dont pas ne dirôs tous les noms
En ceste sont frise et dardaine
Laou paris rauit helaine
Dont troye la grant fut destruicte
Quen la fin de grece est construicte
Celle part est la chaonie
Et vne autre quon dit charcie
Du hermes court vng fleuue grant
Dont le grauier est dor luysant
Et celle part deuers la fin
Nous viénent les pailles dor fin
Dautre part/deuers orient
Est vne maniere de gent
Qui des iuifz est descendue
Orde est/et vile tenue
Et iamais féme nespousent

Pource quilz dient et proposent
Que féme ne sauroit en sôme
Se tenir a vng seul hôme
Et nen ont cure fors de tant
Quengendrer ilz veullent enfant
¶ Autres gens ya barbarins
Qui se font nômer iacobins
Pour iacob/qui deulx fut lur maistre
Et xpians les dit on estre
Non pas bons/mais sont corrompuz
Et telz reputez et tenuz
Pour ce que auec sarrazins font
Mariaiges/qui pres deulx sont
Ilz tiénent de pays ce dit on
Quarante lieues ou enuiron
Les gens icy nullement croyent
Que a hôme confesser se doyent
Sinon a dieu tant seullement
Ainsi font/et non autrement
Et quant se confessent adieu
Pres deulx mectent encens et feu
Et cuydent que par la fumee
Vers dieu sen voise leur pensee
Qui est a eulx folle esperance
En sainct iehan baptiste ont creance
Qui leur bailla premierement
Baptesme/et dire leur côuient
Premier/que receuoir baptesme
Trestous leurs pechez/aeulx mesme
Mais sainct iehan apresche/et dit
Qui ses pechez confesse et dit
A vng autre/lorreur quil a

Magister sententia
rum. li. iiij. di . xvij.
per totum.

Et la honte/que a les dire a
Lui sont en lieu de penitance
De ses pechez/et alegeance
Et de pecher mieulx on se tient
Quant on scet que dire couient
A vng autre tout son affaire
Premier quon puisse adieu complaire
Plus dit led sainct iehan baptiste
Que le baptesme nous rend quicte
Enuers dieu de tous noz pechez
Par confession espurgez
Dont ces gens bien abusez sont
Qui ainsi du contraire font
¶En ceste part sont autres gens
Xpians/en dieu mieulx creans
De force/et de prouesse/plains
Et sont des sarrazins fort crains
Tant que enuers eulx ilz nosent faire
Chose quilz senteur leur desplaire
Ilz sont enuironnez de gens
Felons/puers/et mescreans
De sainct george portent le nom
Car georgiens les appelle on
Lequel sainct/inuoquent tousiours
Pour estre en leur ayde et secours
Quant leurs batailles veulent faire
Contre payens pour les desfaire
Ilz le reclament/prient/et orent
Sur tous autres saincts/et honorent
Chascū diceulx courōne porte
Mais non pas toutes dune sorte
Car celles des clercs/rondes sont

Et les gens laiz/quarrees le sont
Quant ilz sen vont iusques au lieu
Du sainct sepulcre/prier dieu
Les sarrazins nen osent prendre
Peaige aucū/ne riens suruendre
Car ilz doubtent quant retourneroient
Que sur eulx sen recompenseroient
Les gentilz femes du pays
Sarment sur leurs chaulx de pris
Et se combatent aux payens
Auecques les georgiens
Tous leurs lignaiges et leurs loix
Sont participez des gregeois.

(Des poissons dynde.

Uincētiº ybi supra.

EN la mer dynde a des poissons
Qui sont peluz/de poilz bié lōgs
Et quant aucūs diceulx on prent
De leurs peaux on fait vestement
(Dautres y a qui sont chanuz
Maindre dū pied/de telz vertuz
Que la nef a qui lun se prent
Ne peut aller/narrier/nauant
(Dautres bien grans poissons y sont
Qui de daulphin le nom prins ont
Quant ilz voyent tempeste venir
Et les nefz sont pres de perir
Sur leaue viénent/et sortent hors
Et es vndes se sbatent lors
(Le plus grant poisson de la mer
On le fait balaine nōmer
Il est si merueilleux et grant

Que herbe et terre sur lui croist tant
Quil semble estre vne ysle ou vng mont
Et les gens qui sur la mer vont
Qui vouloir ont de terre prendre
Aucunesfoiz y vont descendre
Et quant ilz y sont descenduz
Cuydans seltre en terre venduz
Dessus icelle leur feu font
Maiz trompez et abulez sont
Car aussi tost que la balaine
Sent le feu/elle se demaine
Et se remue incontinant
Et entre en mer profondement
Parquoy la nef et tous les gens
Sont periz/et noyez dedens
Petite bouche/a/ce dit on
Et ne prent que petit poisson
℣ Dautres sont qui semblent pucelles
De corps/de visaige/et mamelles
Mais le surplus est de poisson
Et seraines les appelle on
Leur chant ont doulx et gracieux
fort plaisant et melodieux
℣ Dautres sortes de poissons sont
Qui come oyseaux des ailles ont
Mais aucuns les veullent nomer
Oyseaux qui volent par la mer.

℣ Des arbres dynde et de leur fruict.

Uincétius ybi supra

Nynde sont arbres moult grans
Bien sentans/et fort odorans
Portans dates/qui est long fruict

Et bien sain de iour et de nupt
Toussiours beaucoup dud fruict portēt
Et les fueilles qui diceulx sortent
Ont toutes deux piedz de longueur
Et vng autre pied de largeur
¶Vng autre grant pōmier y croist
par dedens lequel apparoist
La morsure et les dens dun hōme
parquoy pōmier dadam se nōme
¶Aultresy sont pōmes portans
Belles dehors tendres dedens
¶Les vignes tellement y pourtent
Que les raisins quelles apportent
Sont si grans/et si plantereux
Que vng hōme en est charge de deux
¶petiz arbres y treuue lon
Chascun an portans le coton
¶De canes y a fort hautaines
Qui sont de sucre toutes plaines
¶En babiloine sont les lieux
Du croist le baulme precieux
Lequel il fault que chrestiens
Cultiuent/et non aultres gens
Car se par autres se faisoit
De tout lan riens ne porteroit
Et ainsi a este trouue
Par sarrazins et esprouue
¶Du champ ouquel led baulme est
Vne fontaine sourt et naist
Du la vierge/son filz baigna
Qui depil oster nous deigna
Dont le baulme est de toute part

Arrouse/de leaue qui en part
Ailleurs ne le peut on planter
Ou il peusse nul fruict porter
¶ Dautres sortes darbres y sont
Lesquel pour fruict/vne layne ont
Dont on fait drapz subtilz et beaulx
Pour faire robes et manteaux
¶ Autre arbre ya qui porte fruict
Fort odorant/lequel par nuyt
Rentre en larbre/et puis reuient
Au matin/quant le soleil vient
¶ Arbre ya de telle nature
Que le charbon qui en est/dure
Dedens sa cendre/vng an entier
Tout vif/sans riens diminuer
¶ Cedres ya/qui moult grans viénent
Et sans se pourrir se maintiénent
¶ Plusieurs autres arbres y sont
Qui pour leur fruict espices ont
De toutes sortes et manieres
Qui sont choses bien singulieres
¶ Aussi y croissent noix et pômes
Aussi grosses que testes dômes
¶ Les arbres quen paradis sont
Nous ne sauons quel fruict ilz ont
Celui dont eue eut grant enuie
De menger/cest larbre de vie
Dont auons parle cy deuant
Et dautres arbres ya tant
Si bons et si tressauoreux
Quil nest pas possible de mieulx
Mais il ya si bône garde

par lange qui lentree garde
Tenant en sa main vne espee
Toute flamant et embrasee
Que oy entrer nul na pouoir
Pour aucun plaisir y auoir

¶ Deurope et de ses regions.

Dis que dasie parle auons
Deurope nous deuiserons
Et traicterons legierement
Car parler en oyons souuent
Premier y mectrons romanie
Toulquane et toute litallie
Constantinople y comprendrons
La grece aussi ne laisserons
Rethe/corinthe/et macedoine
Du il y a vne fontaine
Du lon ne peut ardant tison
Estaindre ne le vif charbon
¶ En archaide/vne autre terre
De leurope/a vne pierre
Dont estaindre lon ne pourroit
Le feu/depuis quil y seroit
Quelle ne fust premierement
En cendre mise entierement
¶ Puis est danemarche et hongrie
Austrice aussi/et germanie
Et dauantaige y acompaigne
Toute sauoye et allemaigne
Du la diuoe sourt et part
Qui en sept fleuues se depart
Et affin quon ne me repreigne

Vincentius vbi supra.

Je y mectray gascongne et espaigne
Hirlande/escoce/et angleterre
Toute france/et toute la terre
Qui va iusque aux mons de montiou
Sans oblier celle daniou
Et se bien ie lay retenu
Cest deurope le contenu.

Daffrique et de ses contrees.

Uincentius vbi su-
pra. Cronica mun-
di similiter.
Et tholomeus in
suis fabulis.

Pres europe/affrique vient
Dont aussi parler nous couient
Le premier lieu sera libie
Puis la terre de numydie
Dautres en ya dauantaige
Cest mauritanie en cartaige
Pareillement alexandrie
Et le pays/dethiopie
Ou les gens par la grant chaleur
Y sont tous de noire coleur
Oultre ethiope il nya riens
Que desers/ou ne sont nulz biens
Bestes sauuaiges/et vermine
Et vers la grant mer se termine.

Des ysles et de leurs choses.

Uincentius vbi
supra.

Dis que la terre auons descripte
Des ysles parler est licite
De celles que saurons nomer
Dont plusieurs enya par mer
Come quotrantre et puis ydos
Une grant ysle/aussi colcos
Ou la toison dor fut trouuee

Côme la chose est approuuee
Dedens lystoire de iason
Une autre a nômee naxon
Dont nasquit monseigneur sainct denis
Quen france a martire fut mis
Plus en ya cinquante et quatre
Contre asie/sans en rabatre
Mais pas ne nômerons chascune
Toutesfoiz delos en est lune
Quapres le deluge apparut
Quant premierement il descrut
Une autre ya ioyeuse et belle
Que melot on nôme et appelle
Pour la melodie et doulx chans
Des oyseaux qui sont pdedans
Et puis que dire le côuient
Le marbre blancy croist et vient
Encores ya vne autre ysle
Dicte sanio/dont la sibille
Samia fut premierement
Laquelle de laduenement
Prophetiza de ihesucrist
Long temps deuant ce quil nasquist
A rôme ou elle fut mandee
En icelle ysle fut trouuee
La maniere des potz de terre
Quon fait encor en mainte terre
De celle fut pictagoras
Le philozophe qui le cas
Et les points trouua de musique
Sardaique est en la mer daufrique
Ou croist vne herbe/ache semblant

h

Qui en menge/meurt en riant
C Vne autre ya qui le nom prent
De ebolus/ou na nul serpent
C Lautre se nôme colombine
Plaine de serpens et vermine
C Deux autres ya dauantaige
Du premier fut trouue lusaige
Et le moyen de fondes faire
Pour pierres gecter et traire
C Ces deux sont dictes et clamees
Baleares ainsi nômees
C Oultreplus vne autre ysle ya
Qui de meroes le nom a
Du durant le iour na point dombre
C Vng puyz ya qui a le nombre
Dun pied large/et cent de profond
Et le soleil luyst iusque au fond
C Vne autre ya nômee cilla
Du ciclopiens furent ia
C Platon dit que autresfoiz y eut
Vne ysle celle part/qui fut
Trop plus grande et plus magnifique
Que ne sont europe/naffrique
Mais depuis elle est abismee
Et de la mer toute noyee
C Vne ysle ya quon ne peut veoir
Quantoy aller on a vouloir
Combien que aucunesfoiz est veue
Et lapelle on lisle perdue
Qui par lindustrie et engin
fut trouuee/de sainct brandin
Mais premier quil peust en icelle.

Aller/si vit mainte merueille
Côme sa vie le deuise
Qui sauoir la veult si la life
ꞯ Pardeca a mainte bône ysle
Côme de chippre et de secille
Et autres maintes par la mer
Que ia ne fault icy nômer
Et ne vous esmerueillez mye
Saucune chose auez oye
Qui vous soit sauuaige et diuerse
Car dieu en qui tout bien côuerse
A fait mainte merueille en terre
Dont nul ne peut raison enquerre
Pource ne fault chose mescroire
Iusque on scet quelle est faulse ou voire
Et ne doit on tenir a fable
La chose selle est veritable
Pas nest mal fait la chose croire
Qui nest pas ala foy contraire
Quant on y peut aucû bien prendre
Bon est plusieurs choses entendre
Afin que esbahy on ne soit
Quant daucunes pler on oyt
Et ainsi que estranges tenôs
Les choses que dictes auons
Ainsi semblent aceulx de la
Diuerses/celles de deca
Et moult merueilleuses leur sont
Pource que point vrues ne les ont
Et nul esmerueiller se doit
Quant quelque chose dire on oyt
Dont raison ne se pourroit rendre

b ij

Car lôme doit touſiours apzendze
Et ſappliquer a lire et veoir
Pource que on ne peut trop ſauoir
℧Les geans quen aucuns lieux ſont
De nous moult grans merueilles ont
Que ſômes ſi petiz vers eulx
Ainſi côme il nous ſemble deulx
Quilz ſont plus puiſſans et hardiz
Que nous qui ſômes plus petiz
℧Les pigmenains qui trois piedz ont
De grandeur eſmerueillez ſont
Dece que nous ſômes ſi grans
Et nous reputent pour geans
℧Ceulx qui nont que vng oeil/ne que vng pie
Ceſt moins que nous/de la moictie
Neautmoins eſbahiz ilz ſont
Et auſſi grans merueilles ont
De nous/dece quen auons deulx
℧Tout ainſi que ſômes dentreulx
Si leurs beſtes nous ſont nouuelles
Auſſi leur ſont les noſtres telles
Car ſe le centoze piedz a
Lôme cheual/auſſi bien a
Le cheual/piedz de centoze
Et peut lon bien dire encoze
Quil a cozps de monoceros
Car ilz ſe reſemblent de cozps
Ainſi leur ſemble eſtre en noz beſtes
Diuerſete de cozps et teſtes

℧De la nature daucunes choſes qui ſont
deuers nous pardeca en lað.europe.

Aintes choses sont pdeca
Dont aucunes nont pdela
Deuers yrlande sur la mer
On voit aucūs opseaux voler
Qui ple bec en arbres croissent
Et y sont/iusques ilz congnoissent
Que des arbres doiuent sortir
Mais saucun deulx au departir
Tombe a terre/il ne peut viure
Mais sen leaue chet/il est deliure
En yrlande/a/vne ysle grant
Ou na vermine ne serpent
Et qui de la terre ailleurs porte
La vermine y est tantost morte
Vne autre ya bien loing en mer
Ou femc ne peut demourer
Et tout opseau qui est femelle
Sen va aussi dehors dicelle
Vne autre ysle ya/ou les gens
Nullement peuuent mourir dedens
Mais quant ont vescu longuement
Tant quilz ne peuuent plus nullement
Eulx soustenir/ne comporter
Ilz se font hors du lieu porter
Pour ce que plus ilz nont desir
De viure/mais tantost mourir
Vne autre ysle ya/quon appelle
Tile/dont les arbres dicelle
Tiénent leurs fueilles en verdour
Yuer et este chascun iour
Celle part na/que vng iour en lan
Qui six mois dure ce dit len

b iij

Puis vient la nupt qui est obscure
Qui pareillement lix mois dure.
⦿ En yrlande ya vng mont grant
De soulfre/nupt/et iour ardant
Semblablement y est le puyz
Appelle le trou sainct patriz
⦿ En angleterre ya des gens
La queue en leur derrier portans
Et dautres choses pourroye dire
Mais nest besoing de les escripre.

⦿ De la nature des bestes.

Uincentius in specu-
lo naturali.

Regnart pour les oyseaux prendre
Lome mort aux champs va se rtendre
⦿ Le cerf mengue aucun serpent
Parquoy il vit plus longuement
⦿ La saliue dome ieun vault
Pour tuer araigne et crapault
Mais se de lun/lome mengoit
Tantost mourir lui couuendroit
⦿ Si le lou premier lome voit
Que lome le lou-napparcoit
Il emportera aiseement
La brebiz sans empeschement
⦿ Laraigne traict de ses entrailles
Le fil dont fille ses touailles
Aquoy demeurent et se prenent
Les moulches quant poser sey viénent
⦿ La singesse deux petiz fait
Dont lun elle ayme/et lautre hait
En ses braz porte cil quelle ayme
Et lautre les suyt a grant peine.

¶Le chien est de telle sorte
Qua son maistre grant amour porte
Songneux est sa maison garder
Que estrangier ny puisse rober
¶En aucuns lieux en angleterre
A chiens/qui larrons vont querre
Quant desrobe leur seigneur ont
Et vont tant que trouuez les ont
¶La mustelle qui est petite
Tue et occist le basilique
Et se combat tant au serpent
Quelle loccist entierement
¶Le herisson est de tel sorte
Que les pômes prent et emporte
Sur son dos couuert daiguillons
Qui sont aguz côme poinczons
Quant mal lui veult fere autre beste
Se mect ensemble piedz et teste
Et se tient tout en vng rondeau
Ses aiguillons entour sa peau
Et par ainsi ne lui pourroit
faire aucun mal mais se poindroit
¶Dautres bestes parler pourroye
Et daucuns oyseaux se vouloye
Mais plus nen traicteray daucunes
Car elles sont assez cômunes.

¶Denfer ou il est et quelle chose cest/
et côme leaue court par la terre.

LA terre deuisee auons
Par dehors côme nous sauons
Si nous côuient apres enquerre

h iiij

Inctum loquî de
inferno et situ eius.
S.tho.ij. sententia-
rû.di.vj.q.iij.Et.iiij.
sententiarû.di.xtij.
q.ij.ar.j.Et.ij. sentê

Rarum. di. vj. q. iij.
arti. ij. Et. iiij. sentē-
tiarum. di. xliij. q.
iij. ar. ij.
Matheus. c. xiij.
Augu. in sermone
ad eremitas.
Lactantius firmia
nus. li. vij. c. xxj. diui
narũ institutionuz.
Magister sētētiarũ
li. iiij. di. xliiij. c. iiij.
z. c. v. z di. xlix. z. l.
Et incħtũ loquit de
aquis z de cursu et
natura ipsarum.
Uincētiꝰ in speculo
naturali. li. v. z. vj.

Quelz lieux ya dedens la terre
Si cest enfer ou paradis
Et qui des deux vault mieulx ou pis
¶Le lieu doncq/qui est dedens terre
Cest enfer/sans plus en enquerre
Car destre en lair/il na pouoir
Ne en lieu de noble manoir
Chose nest qui plus soit pesante
Plus vile/obscure/ne meschante
Doncq ou lieu plus bas a son estre
Car en hault ne pourroit il estre
Contraire il est a paradis
Qui ou plus hault des cieulx est mis
Je ne di pas que enfer ne soit
Ailleurs en quel lieu que ce soit
Car apres la mort p tout a
Peine et mal/qui desserui la
Et fust il bien sur le ciel mis
Si auroit il encores pis
Cõme saucun qui souffrir doit
En quelque beau lieu mis estoit
La ou il dict ioye et liesse
De tant auroit plus grant tristesse
Quant soulas auoir ne pourroit
Et son mal plus en augmentroit
Ainsi sera des miserables
Qui peines auront pourables
En enfer/ou logez seron
Car iamais repos ny auront
Et pour ioye quilz sceussent vecir
Ilz ne sauroient nul bien auoir
Oroyez donques sil vous plaist

Cõmént enfer en vil lieu eſt
En la terre/et que ſa nature
Neſt autre/que peine treſdure
Que ſeuffrent ceulx qui dedens vont
Pource que ennemys de dieu ſont
℃ Bien auez oy cy deuant
Toute la maniere et cõment
Les quatre elemens ſe contiénent
Et lun dedens lautre ſe tiénent
Et tout ainſi cõme le lieu
De la terre/eſt ou meillieu
Diceulx/ainſi ou meillieu delle
Eſt enfer quon nõme et appelle
Abiſme/et lieu dobliuion
Et auſſi/de perdicion
Et pour bien declarer ce lieu
Jl eſt plain de ſouffre et de feu
Hydeux/puant/et plain dordure
Et de toute male aduenture
Large eſt deſſoubz/deſſus eſtroict/
Et neſt mal que en ce lieu ne ſoit
Ne iamais riens ny aura fin
Que touſiours ne binſle ſans fin
Car il eſt de telle nature
Que tant plus il art et plus dure
Entre autres dueilz qui ſont dedens   Matheus.c.riij.
Y eſt eſtraignement de dens
Et autres maulx innumerables
Perpetuelz et pardurables
Les ames y biuent en mourant
Et touſiours meurent en y biuant
Car la choſe ſpirituelle

Ne peut iamais estre mortelle
Parquoy lame ne peut mourir
Quelque mal que puisse souffrir
Et iamais naura que tout mal
En ce puant gouffre infernal
Car du tout est habandonee
De son seigneur et obliee
Leans na que pleur/fain/et tristesse
Soif/chault/froit/et toute autre angoisse
Lieu venimeur/plain dordes bestes
Qui font aux ames grans molestes
Gehayne de feu sitre sardant
De chaleur si aspre et si grant
Que le nostre nest que paincture
Quant acelui/touchant lardure
En la terre a maints autres lieux
Tous plains de feu tresangoisseux
Et en la mer pareillement
En a dautres/plains de tourment
Du plusieurs ames sont boutees
Pour leurs pechez et tourmentees
¶ Atant laisserons ce propos
Car il nest pas plaisant a tous
Et traicterons dune autre chose
Que cy apres dire propose
¶ Premier de leaue et de son cours
Qui dedens terre fait maints tours
Puis de laer/et apres du feu
De chascun selon son droit lieu
Leaue/cest la mer grande et profonde
Qui enuirone tout le monde
Delaquelle tous fleuues vienent

Qui par la terre leur cours tiénent
Et en la fin tomber sen vont
Dedens la mer/dont partiz sont
Ainsi sen va la mer tousiours
Tournoyant/et faisant son cours
Par la terre/en telle maniere
Et tant que leaue est plus legiere
Que terre nest/tant se tient plus
Pres de la terre par dessus
La terre diuise et despart
Et dicelle en plusieurs lieux part
Faisant son cours pdedens côme
Le sang fait/par le corps de lôme
Qui par les veines de son cueur va
Et par aucunes son yssue a
Ainsi sen va leaue par les veines
De la terre/et sort par fontaines
En plusieurs lieux voit on souuent
Qui caue en terre assez auant
Soit en montaigne ou en vallee
Quon trouue leaue/doulce et sallee.

    Pourquoy et de la ou viét eaue sallee
    doulce/noire/chaulde/et enuenimee.

Dis que ainsi voulons maintenir Vincentius vbi su-
pra proxime.
Toutes eaues de la mer venir
Et en icelle retourner
Il nous fault donc sauoir prouuer
Et dire la facon côment
Leaue sallee doulce deuient
Car la mer côme il est notoire
Si sallee est/quon nen peut boire

Respondant a la question
Je fay ceste solucion
Que leaue qui par la terre vient
Qui est doulce / doulce deuient
Car la terre par sa nature
Lui tolt samertume et sallure
Et celle qui sallee en sourt
Par dedens terre amere court
Et samertume en soy retient
Ainsi la doulce salee vient
¶ Autre eaue sourt amere et noire
De laquelle aucūs vont boire
Car elle fait vuider les gens
Qui de purger sont indigens
Et ceste eaue qui sourt noire et clere
Court par terre / noire et amere
Plaine de grande pourriture
Et den boire nauroye cure
¶ En aucūs lieux eaue chaulde sourt
Car par lieux chaulx / en terre court
Que bains naturelz on appelle
Et en a . a aiz la chapelle
Et a plombire labbaye
Qui en lorraine est establie
¶ Dedens terre a maintes cauernes
Chauldes / cōme feu en lanternes
Aussi ya il maintes veines
Qui sont de soulfre toutes plaines
Du dedens naissent aucūs vens
Qui sont impetueux et grans
Lesquelz a force de soufler
Font ardoir le souffre et bruller

Qui le lieu eschaulfe si fort
Que leaue qui p cest endroit sort
Est si treschaulde en sen saillant
Qnon diroit que cest eaue bouillant
Mais quant plus loing de ce lieu court
Moins ardant et moins chaulde sourt
Tant quen la fin froide deuient
Ainsi de toute chose aduient
Que pour chaleur quen elle tiengne
fault quen la fin froide deuiengne
Combien quil en fault excepter
La chaleur denfer et oster
Car iamais elle naura fin
Ne viendra a aucun declin
Dedens la terre a dautres lieux
Qui sont infectz et venimeux
Et leaue qui par la court et vient
Toute enuenimee deuient
En aucuns lieux de terre sort
Mais qui en boit il boit sa mort

¶ De la maniere daucunes fontaines.

N oultre autres fontaines sont
Qui changement de couleur font
¶ En la terre de samarie
En a vne / qui se varie
Tant quen vng an sa couleur change
Quatre foiz / qui est chose estrange
A lune foiz verde se tient
A lautre sanguine deuient
Puis vient trouble / puis claire et necte
Mais den boire nully nappete

Uincentius vbi supra.

¶Plus y a vne autre fontaine
Qui sourt quatre iours la sepmaine
Et les autres trois point ne vient
Mais toute seiche se maintient
¶Vng fleuue y a/qui court six iours
Mais le samedi pert son cours
Qui est la cause et la raison
Pour laquelle il a sabat nom
¶La mer rouge certainement
De la terre sa couleur prent
Qui rouge est/tout alentour delle
Pareillement au fons dicelle
¶Deuers acire a vng sablon
Dont on fait voirre clair et bon
Et daucune glace de mer
Quon mesle auec pour le former
¶Il y a vng grant fleuue en perse
Qui de nature est bien diuerse
Car la nuyt est bien fort gele
Et tout le iour est degele
¶En espire a vne fontaine
De ceste propriete plaine
Quon y estainct brandons ardans
Puis on les ralume dedens
¶En ethiope vne autre en a
Qui autre propriete a
Car la nuyt est en grant chaleur
Et de iour en tresgrant froideur
¶En lorraine assez pres de mes
Sour vne eaue qui ne fault iamais
En vng puyz qui de vil sapelle
Et du sel blanc fait on dicelle

Car apres ce quon la bouillie
Elle est toute en sel couertie
Dont tout le pays est fourny
Entierement et bien garny
¶En celle part a des fontaines
Qui sont de chaleur toutes plaines
Et dautres en la mesme place
Qui sont aussi froides que glace
¶La sont bains qui sont temperez
Deaue chaulde et froide moderez
Et en effect sont iceulx bains
Pour se baigner/ bons et bien sains
¶Encor ya dautres fontaines
Que lon tient pour bones et saines
Car pour en boire seullement
Elles font purger tellement
Quil nya point de medicine
Tant soit elle bone ne fine
Qui fist telle purgation
Ne si bone operation
¶Vne autre ya vers orient
Dont on fait feu gregois ardant
Par autre chose quon y mect
Et est si chault quon ne le peut
Estaindre deaue en nulle facon
Fors dorine vinaigre ou sablon
Ceste eaue vendent les sarrasins
Plus chere quon ne fait les vins
¶Autres fontaines ailleurs yssent
Qui bosses et maulx dieulx guerissent
¶Dautres sont qui rendent memoire
Autre/ obliance/ son contraire

¶ Dautres qui luxure reuoquent
Et dautres sont qui la prouoquent
¶ Autres sont qui les femmes font
Porter enfans / quant point nen ont
¶ Autres les font brahaignes estre
Et leur ostent / de porter lestre
¶ Dautres sont ou on ne pourroit
Nouer par facon que ce soit
Soient homes bestes ou poissons
Que tantost nalassent au fons
¶ Encore en ya dautre sorte
Qui toutes choses sur soy porte
Sans ce que riens enfondrer peust
Ne que au fons dicelle aller sceust
¶ Autres fontaines chauldes sont
Qui les larrons aueugler font
Silz se pariurent du meffait
Et du larrecin quilz ont fait
Et saucun est accuse pour neant
Sil en boit / voit myeulx que deuant
¶ De ces choses ne peut on rendre
Raison / fors que miracle entendre
¶ Fontaine ya claire et bien coye
Quant dessus a riens qui se sioye
Ou que fluste ou doulcine y sone
Ou autre instrument qui resone
Si seslieue come de ioye
Et sespand par toute la voye
¶ Fleuues sont qui font les brebiz
Aussi blanches que fleur de liz
Et dautres qui noires les font
Les proprietez en eulx ont

¶Atant de parler cesserons
De ces fontaines et viendrons
A parler de ce qui aduient
Par leaue laquelle son cours tient
Par dessoubz terre/et par dedens
Dont souuent aduient tremblemens
De la terre qui li fort sesmeut
Que apeine soustenir on se y peut

¶Côme la terre tremble et fent.

Nous traicterôs donc maintenât
De la terre qui tremble et fent
Dont maintes citez sont fondues
Qui onques puis ne furêt veues

Uincêti⁹ in speculo
lo naturali.li.vj.ca.
xxvj.vsqz ad capitu
lum.xl.
Et plini⁹ in natura
li historia.li.ij.ca.
lxxxl.vsqz ad capim
lxxxvj.

Or aduient il que par les grans
Eaues/qui par terre vont dedens
Et par les grans esmouuemens
Des vndes/naissent aucûs vens
Es cauernes/qui sont en terre
Et laer qui par dedens se serre
Qui est encloz en grant destroit
Se la terre est foible alendroit
Quelle ne se puisse tenir
Cest aer/qui sefforce dyssir
fait ouurir la terre et la fent
Dont il est aduenu souuent
Que plusieurs villes sont pôues
Et que en abisme sont fondues
Et se la terre a telle force
Quelle ne ouure ou se fende a force
Pour la grant tourmente des vens
Qui sont a destroict pdedens

i

Adonc se smeut si durement
Et tremble si tresasprement
Que par la force de trembler
Elle fait tours et murs tomber
Ainsi par tel esmouuement
De leaue/la terre tremble et fent.

¶ Coment la mer deuient salee.

Uincentius ybi supra in. y. li.

Dis doncq que declarer couient
Don la sallure de mer vient
Selon ce que iay peu entendre
Et trauaille/de le comprendre
Cest (et ainsi lentendre fault)
Pour le soleil qui est si chault
Quil eschauffe la mer si fort
Que de la terre du fons sort
Et vient vne amere moisteur
Qui lui baille ceste saueur
¶ Aussi en mer a des montaignes
Ainsi que sel/et vaulx et plaines
Qui sont de moult grant amertume
Car la terre au fons sort escume
Pour le chault qui fait ou profont
Qui la saleure tire amont
Tant que auecques leaue sest meslee
Ainsi deuient la mer salee
Mais atant de leaue nous tairons
Car parler de laer desirons

¶ De laer et de sa nature.

Plini° in naturali historia. lib. ij. ca. xxxviij.

Ardessus leaue/lair est assis
De tant come il est plus subtilz
Qui la terre et leaue enuirone

Et son estre si hault sadōne
Que les nues point ne lexcedent
Dont les pluyes viénent et procedent
Cest aer icy/est lair espex
Qui nous enuirōne de pres
Par le moyen duquel viuons
Cōme de leaue font les poissons
Qui la boiuent/et puis la gectent
Ainsi par lair noz corps prouffitent
Que nous respirons ens et hors
Et nous maintient la vie ou corps
Plus tost sans air/lōme mourroit
Que sans eaue/poisson ne feroit
Nostre vie est tantost finie
Sans air/qui nous maintient la vie
Pour la moisteur qui de lui naist
Et lespesseur/qui en lui est
Il soustient les oyseaux volans
Et parmy se meuuent les vens
Cōme pouez apparceuoir
Par vne verge en lair mouuoir
Se vous la mouuez roidement
Elle ployera incontinant
Parquoy se lair espex nestoit
Ja la verge ne ployeroit
Ains se tiendroit droit estendue
Tant fort feust elle bien esmeue
De cest aer prenent leurs habitz
Et leurs corps les mauuais espritz
Quant ilz se veullent apparoir
A aucun/pour le deceuoir
Plus nen dirons/car fault enquerre

i ij

Ce que en lair aduient de la terre.

¶ Des nues & pluyes côe elles viénét. & q̃ cest.

plinius in naturali
historia. li.ij. c.xlij.
vsq̃ ad caplm. lrj.
Et vincêtius in spe-
culo naturali.li.iiij.
c.xlviij.vsq̃ ad ca-
pitulû.lrriij.

Es nues nous vous dirons icy
Ce que cest/et des pluyes aussi
Du soleil/sont les fondemens
De toute chaleur/et de temps
Tout ainsi que le cueur de lôme
Est fondement/du corps en sôme
Pour la chaleur que en lui habonde
Le soleil est dit/cueur du monde
Et fondement par sa valleur
De toute naturel chaleur
Par lui vient ce quen terre naist
Ainsi que a nostre createur plaist
Et les nues fait en hault monter
Puis en fait la pluye tomber
Par force/or entendez briefment
Si verrez la sorte et côment
Quant le soleil espand ses raiz
Sur terre/sur eaue/ou maraiz
Il les desseiche/et si en tire
La moisteur/qui amont sen tire
Cest vne subtille moisteur
Qui peu paroist/nômee vapeur
Qui monte iusques en lair hault
Et la demourer il lui fault
Et peu apeu/tant y en vient
Que obscure et espesse deuient
Tant quelle nous oste la veue
Du soleil/et tel chose est nue
Mais na pas si grant obscurte

Que du iour nous oste clarté
Et quant trop espesse deuient
Leaue y naist qui a terre vient
Alors deuient blanche la nue
Car son obscurté est perdue
Et le soleil luyst parmy elle
Ainsi que fait vne chandelle
Qui est alumee et emprise
Et dedens la lanterne mise
Qui clarté donne pardehors
Et si ne voit on pas son corps
Ainsi luyst le soleil pmy
La nue / qui est dessoubz luy
Et nous rend la clarté du iour
Tant que sur terre fait son tour
Et quant la pluye est degoutee
De la nue / et moisteur ostee
Legiere est / et sen monte en hault
Tant quen la fin toute default
Par le soleil qui est amont
Qui la consume et la confont
Lors reuoit on lair clair et pur
Et le ciel aussi pers que asur
De terre naist / et nue et pluye
Come du drap que lon essuye
On voit vne moisteur yssir
Et vne fumee saillir
Qui seslieue et se monte ensus
Lors qui tiendroit la main dessus
Celle vapeur il sentiroit
Que sa main lui amoistiroit
Et qui la tiendroit longuement

Deſſus on verroit clairement
Que la main amoiſtiroit toute
Tant que eaue en cherroit goute a goute
Ainſi aueʒ oy côment
Les nues et pluyes naiſſent ſouuent.

¶ Des geleʒ des naiges côme elles viênent.

Plini' ⁊ Uincêtius
vbi ſupʒa pʒime.

Es grandes naiges et gelees
Sont en lair toutes engendʒees
Car il eſt plus fozt ou meillieu
Quil neſt pas en point dautre lieu
Côme on voit que es haultes montaignes
Ya plus de naiges/que es plaines
Et tout ce aduient pᵃ la froideur
De lair/qui a moins de chaleur
En hault/quen bas/pour ce quel eſt
Plus ſubtil la/que cy bas neſt
Et com plus eſt ſubtil en hault
De tant retient il moins de chault
Et tant quil a plus delpeſſeur
De tant a il plus de chaleur
Car le ſoleil leſchauffe plus
Quil ne fait celui de deſſus
Côme on voit ozdinairement
Que acier et fer plus aſpʒement
Pʒenent chaleur/que autre matiere
Qui eſt plus ſubtille ⁊ legiere
Car tant que la choſe eſt plus dure
Et de plus eſpeſſe nature
De tant rend elle plus grant chaleur
Que celle qui a moins delpeſſeur
Parquoy ie dy que lair ca bas

Est plus chault que la sus nest pas
Pour ce quil nest pas si espez
Que cil qui est de terre pres
Pour le vent qui y naist souuent
Qui lui fait auoir mouuement
Car leaue qui sen court p̄ la voye
Est moins chaulde / que nest la coye
Pour ce donc y naist la froidure
Qui gele toute la moisture
Qui la dessus est rencontree
Et chet abas toute gelee

C Des gelees et tempestes qui tom̄/
bent en este cōme elles aduiénent.

Plinius et Uincen-
tius ybi supra

Les gresles qui en este viénent
Par telle sorte elles aduiénent
Cōme en lair naissent aucūs vens
Qui y causent froideurs bien grans
Dont la moisteur qui est tiree
De terre / en lair / y est gelee
Et la sassemble et amasse
Mais la chaleur ainsi la casse
Du soleil / qui parmy se serre
Et ainsi dure chet a terre
Plus grosse naist quelle ne chet
Car au cheoir elle se deschet
Cest ce quon appelle tempeste
Qui a mains fait mainte moleste.

C Des esclairs ↑ tōnerres q̄ en lair aduiénent

N lair maintes choses aduiénent
Dōt les gēs peu parolles tiénent
Car cure nont de tel affaire
Ou ne se peut remede faire

Plinius ↑ Uincēt?
ybi supra.

i iiȷ

Car la chose qui fait trembler
La terre/fait aussi tõner
Et ce qui fait la terre ouurir
Fait aussi les nues espartir
Car esclairs et tõnerres grans
Ne sont que esmouuemens de vens
Qui se recontrent sur les nues
Si asprement quen leurs venues
En lair sengendrent aucuns feuz
Dont plusieurs sont souuent deceuz
Car cest la fouldre proprement
Qui chet en bas si roidement
Par le vent que ainsi la contrainct
Quelle confond/ce quelle actainct
Tant que riens contre elle ne dure
Et est de pesant nature
Que par plusieurs foiz en cheant
Perce la terre bien auant
Elle sestainct aucunesfoiz
Parquoy nest pas de si grant poix
Ne de si forte nature
Car quant la nue est obscure
Et quelle est deaue bien fort chargee
Si ne la pas si tost passee
Mais sestainct le feu en icelle
Pour la grant eaue qui est en elle
Deuant quil la puisse percer
Parquoy ne peut terre approcher
Mais elle fait en sestaignant
Dedens la nue vng son bien grant
Lequel nous appellons tõnerre
Que nous oyons cy bas en terre

Ainsi que le fer chault voyons
Dedens leaue/causer aucūs sons
Combien que premier voyons luyre
Lesclair/que le tōnerre bruyre
Car la veue est bien plus agille
Que nest loir/et plus subtille
Cōme on voit de loing la psonne
frapper/sur chose qui resonne
On voit plus tost bailler le cop
Que lon noit le son de beaucop
Ainsi du tōnerre vous di
Quon voit/premier quon lait oy
Et detant quil est plus ensus
De tant seslongue le son plus
De lesclair/apres quon la veu
Cōme chascun a bien congneu
Et quant plus tost on loit apres
Tant est le tōnoitre plus pres

℟ Des vens cōme ilz naissent.

Dis donc que declairer tentens
Don naissent et viénent les vens
Jay bien voulu la raison querre
Cest par la mer quautour la terre

Plinius vbi supra.
Et vincētius in spe=
culo naturali.li.iiij.
c.xrij.vsq̈ ad capi=
tulum.xxxiij.

Se meut et rencontre souuent
En aucuns lieux si aspzement
Quelle seslieue contremont
Tant quelle pousse lair amont
Et cest air qui est deboute
Par force/et de son lieu oste
Reboute lautre en tel maniere
Quil le fait reculer arriere
Et ainsi sen va vndoyant

Côme fait leaue/qui va courant
Et côme en plusieurs lieux ay leu
Vent nest riens autre/que air esmeu
Par lexclers aduiénent souuent
Nues/pluyes/et tout le demourant
Des choses/que dictes auons
Il ya bien dautres raisons
Côme telles choses aduiénent
Mais celles qui mieulx nous conuiénent
Pour entendre legierement
Les auons dictes seullement
Den parler doncq plus/cesserons
Et du feu sur lair traicterons.

⁋Du feu et des estoilles qui sem#
blent courir et cheoir.

Plini⁹ in naturali
historia .lib. ij. ca.
xxvj. vsqz ad capitm
xxxvij.
Et vincêtius in spe=
culo naturali.li.iiij.
c.lxxj.et.lxxij.

Essus lair est le feu ardant
Qui est air de resplendeur grant
Et de moult grant nobilite
Car par sa grant subtilite
Il na point de moisteur en lui
Et est plus grant que nest cestup
Et de plus subtille nature
Côme est cest air/enuers leaue pure
Ou que leaue enuers la terre est
Cest air/ou point de moisteur nest
Iusques ala lune sextent
Dessus cest air/on voit souuent
De feu/aucunes estincelles
Qui semblent que ce soient estoilles
Dont aucuns disent que ce sont
Estoilles/qui courans sen vont
Et qui se remuent de leur lieu

Mais non sont/aincois est vng feu
Qui en lair naist dune vapeur
Seche/qui na point de moisteur
Dedens soy/quant montee y est
De la terre/dont elle naist
par le soleil/qui la y traict
Et quant elle est la alendroit
Se sprent/et luyst/côme chandelle
Et flâme/ainsi côme vne estoille
Puis chet en lair moiste et sestainct
Quant la moisteur de lair lactainct
Et quant elle est grosse et lair sec
Sen vient ardant/partant dillec
Jusques a terre/dont souuent
Ceulx qui sur la mer vont vagant
Par nuyt/ou qui par terre vont
Maintesfoiz apperceues les ont
Et veues tomber/toutes ardans
Jusques cy bas/et fort luysans
Mais qui les vouldroit aller prendre
On trouueroit côme de cendre
Ou côme vne fueille tombee
Dun arbre/pourrie/et mouillee
Si nentendent pas bien adroit
Ceulx qui cuydent que estoille soit
Car estoilles ne peuuent pas cheoir
Mais toutes les côuient mouuoir
Dedens leur cercle egallement
Nuyt et iour ordinairement.

Du dragon que cest.

LE dragon nest riens autre chose
fors que vne vapeur seiche enclose

Plini⁹ ⁊ Uincêtius
vbi supra prime.

Qui bien souuent sassemble en hault
Et maintesfoiz sesprent par chault
Et quant alumee est/se meut
Et sen va plus tost quelle peut
Côme feu qui seroit haulse
Et que en terre fust abaisse
Ainsi sen va/ce feu volant
Tant que au derrenier/vient a neant
Ces choses/sont significances
En terre/daucunes muances
Du feu/nous auons briefment dit
Et les quatre elemens descript
Qui lun en lautre sont assis
Côme dieu les a establiz
Le plus legier/ou plus hault lieu
Et le plus pesant/ou meillieu
Cest la terre/dont le fruict naist
Qui les gens et les bestes paist
Et pour le grant bien qui delle yst
Et pour le fruict quelle nourrist
Aucunes gens ont voulu dire
Que cestoit(sans y contredire)
Pour le grant bien quelle fecunde
Lune des estoilles du monde
Que dieu assist ou firmament
Du meillieu/pour estre plus gent
Qui voulut que tel pouoir eust
Que assez biens produire elle peust
Parquoy chascun deuroit bien faire
Chose qui puisse a dieu complaire
Car tous les biens quil fist en terre
fist il/pour noz ames acquerre

Et afin que peuſſions auoir
Remenbrance de ſon pouoir
Et de ſa debõnairete
Enquoy monſtra ſa grant bonte
De tous ſes biens nous mectameſmes
Que pouons auoir p̃ nous meſmes
¶Puis donques que deſcript auons
Les quatre elemens/nous dirons
Ce que ceſt/que de lair pur
Qui nous ſemble ainſi cõme azur
　　　¶Du pur air et de ſa nature.

Plini⁹ vbi ſupra.li.
ij.c.viij.vſ̃qad capi
tulum .xxiij. Et. c.
xxxviij.
Et vincẽtius in ſpe
culo naturali.li.iiij.
c.viij.

Air pur eſt par deſſus le feu
Qui iuſques au ciel prent ſon lieu
En ceſt air na point dobſcurte
Car ſait ſut dentiere purte
Il reſplendiſt/et luyſt ſi cler
Quon ny pourroit riens comparer
Dud air ſept eſtoilles ſont
Quantour la terre leur tour font
Quon appelle les ſept planettes
Qui moult fort ſont cleres et netes
Dont lune ſur lautre eſt aſſiſe
Et ordõnee en telle guiſe
Que plus loing a entre chaſcune
Que de terre/iuſque a la lune
Du a plus de douze foiz tant
Que toute la terre neſt grant
Et chaſcune a/ſon mouuement
Dedens ſon cercle/ou firmament
Dont lune eſt plus grant que neſt lautrè
Parce quilz ſont lune ſur lautre
Et celle plus bas cõme on dit

A/son cercle le plus petit
Et de chascune ainsi en prent
De la maindre iusque a la grant
Doncq celle qui a moins de traict
A son cours le plus tost parfaict
Ainsi que bien pouez comprendre
Par ce qui sensuit/et entendre
¶Qui seroit en vng apparoy
Vng point/et tout entour de soy
De cercles assez largement
Et que tousiours lun fust plus grant
Que lautre/on verroit par ce point
Cil qui seroit plus pres du point
Que les autres/maindre seroit
Et plus tost son tour fait auroit
Ce qui proit antour de lui
Que les autres/plus grant delui
Moyenant que aussi tost allast
Lun come lautre/et cheminast
Ainsique par ceste figure
En pouez bien veoir la nature

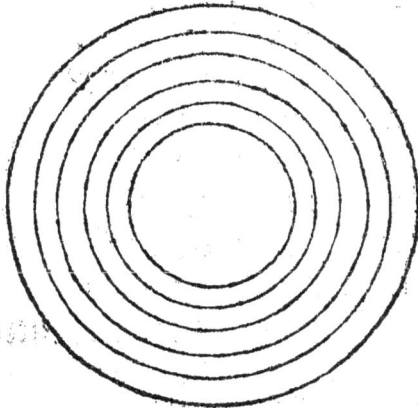

¶ Cōment les sept planetes sont assises.

Es sept planetes que iay dit
Chascune ainsi que sus est dit
Lune dessus lautre est assise
Mais la lune est la plusbas mise
Qui est la maindre de toutes sept
Mais pource que son cours plus pres fait
De la terre/il est a semblant
Que des autres soit la plus grant
Pource que la terre est obscure
Elle na point de clarte pure
Qui delle viengne proprement
Mais la clarte quelle nous rent
Vient du soleil/qui est si cler
Ainsi quon voit dun mirouer
Quant le soleil luyst dessus soy
Qui rend contre quelque apparoy
Vne resplendeur et lumiere
Et ainsi par telle maniere
La lune sa clarte nous rent
Car point nen auroit autrement
¶ La lune est vng corpsbien poly
Ainsi que vng pōmeau bien bruny
Qui fort reluyst et clarte rent
Quant le ray du soleil se y prent
De lobscurte quon voit dedens
Ont voulu dire aucunes gens
Que de la terre la tenoit
Que dedens ainsi poilloit
Et la blancheur quelle nous monstre
Lestoit pour leaue qui se y demonstre

Plini' z Vincētius
vbi supra prime.

Ainsi que ou mirouer on voit
Qui chascune couleur recoit
Quant elle est deuers lui tournee
¶ Autres eurent autre pensee
Disans que ce estoit aduenu
Lors que adam fut circonuenu
De la pome dont il mengea
Qui tant a toutes gens greua
Dont la lune en fut entachee
Et sa clarte appetissee
¶ De ces sept planetes qui sont
Du firmament/ou leur cours font
Dont nous auons parle deuant
Ne congnoist on comuneement
Fors les deux/quon voit mieulx que aucune
Des autres/cest soleil et lune
Les autres/ne congnoist on mye
Si ce nest par astronomie
Et neautmoins les nomerons
Pource pue parle en auons
De celles/a deux sur la lune
Lune sur lautre/dont chascune
A sur terre propre vertuz
Quon nome mercure et venus
Dessus ces deux/est le soleil
Qui des autres est nompareil
Car tout le monde il enlumine
Et par si hault cercle chemine
Quil est bien douze foiz autant
Que cil de la lune plus grant
Qui son cours en trente iours fait
¶ Mais le soleil pour certain mect

Deuant quil ait parfaict son cours
Trois cens et soixante six iours
Parquoy ce sont douze foiz plus
Et six iours qui sont par dessus
Six heures dauantaige y sont
Qui le quart dun iour entier font
Tant que en quatre ans est tout complect
Ung iour naturel et parfaict
Dont le bissexte fut mis sus
Pour ce iour quil ya de plus
Et lors est en son premier point
Le soleil/reuenu a point
Cest en mars/que le temps comance
A se remectre en temperance
Et que arbre et herbe entre en verdeur
Par la vertu du createur
Car en ce temps premierement
Eut ce siecle comancement
Et pource y reuient par nature
Chascune chose en sa verdure
Sur le soleil a trois estoilles
Claires/luysans/come chandelles
Lune sur lautre come dessus
Cest mars/iupiter/saturnus
Le quel est le plus hault des sept
Et en trente ans son cercle fait
Ces trois cy/leur vertu retienent
Es choses/qui ca bas aduienent
Et de cecy exemplaire est
Ceste figure qui cy est.

k

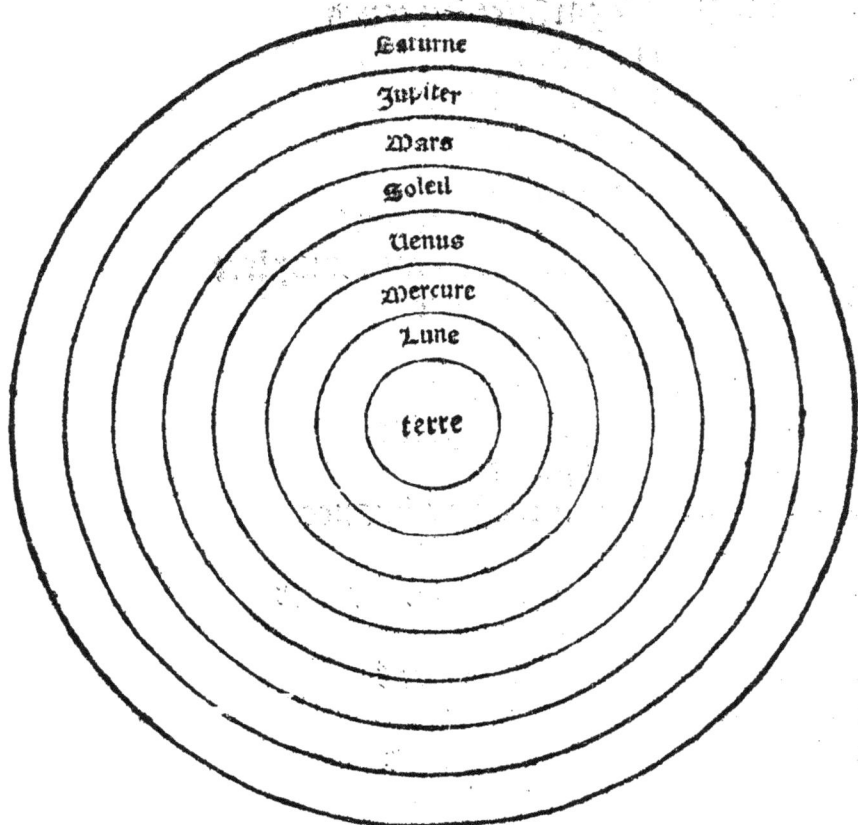

Saturne

Jupiter

Mars

Soleil

Uenus

mercure

Lune

terre

Es sept estoilles sus nõmees
Sont reputees et renõmees
Dauoir en elles telle essence
Quelles ont trop plusde puissãce
Aux choses qui de terre naissent
Et plus leurs vertuz se y abaissent
Que point dautres du firmament
Et plus ouurent appertement
Ainsi que les anciens saiges
Le congneurent/par leurs vsaiges
De ces sept planetes retiénent

Les iours de la septmaine et prenent
Leurs noms/côme cy ie vous di
℘remier la lune/a/le lundi
Aussi mars le mardi procure
Si fait le mercredi mercure
De iupiter est le ieudi
Et de venus le vendredi
Saturne au samedi se renche
Et le soleil au sainct dimenche
Qui plus digne est des autres iours
Car on cesse de tous labours
Et est dit pour ceste raison
Jour de repos et doraison
Aussi est le plus renôme
Le soleil/et plus extime
De toutes les autres estoilles
Car il luyst plur cler que point delles
℘uis que les situations
Des sept planettes dit auons
Parler nous côuient daucuns cas
Qui aouiênent et hault et bas
        ℂ des estoilles et de la concordance
    du tour du firmament.
        Essus laturne la derraine   Uincenti⁹ in spect
    Qui des sept est/la plushaultaine   lo naturali.li.xv.ca.
    Est le ciel/que lon voit si plain   xxxij.
    Destoilles/quant il fait serain
Desquelles il est tout seme
Lequel ciel/est dit et nôme
firmament/qui sans fin tournoye
Et de son tour/sort si grant ioye
Et si tresdoulce melodie

                    k ij

Quil nest nul sil lauoit oye
Qui iamais eust vouloir de faire
Chose/qui deust a dieu desplaire
Taut desireroit paruenir
Au lieu/ou le pourroit oir
Pour tousiours auoir ioissance
De si delectable plaisance
Dont aucuns furent qui disoient
Que les petiz enfans loyoient
A lors quilz rient en leur dormant
Et que adonques ilz oyent chantant
En paradis les anges dieu
Qui les establit en ce lieu
Mais de ce nul ne scet le voir
Fors dieu/qui le peut bien sauoir
Qui les estoilles ou ciel mist
Et tel pouoir auoir leur fist
Que en terre na chose diuerse
Ne dedens mer/tant soit pnerse
Qui ne soit ou ciel compassee
Par icelles/et figuree
Dont nul ne peut sauoir le nombre

Dauid psal.cxlvj

Mais dieu seul le scet/et le nombre
Et de chascune scet le nom
Car tout a cree par raison
☞ Des estoilles que lon peut veoir
Peut on bien le nombre sauoir
Par science dastronomie
Par autre ne se sauroit mye
☞ Il nya si petite estoille
Quen terre vertu nait en elle
Soit en herbe/en fueille/ou en fleur

Ou de nature/ou de couleur
Ou de quelque chose qui soit
En terre na riens que estre doit
Ne qui y preigne sa naissance
Questoille ny ait sa puissance
Par nature soit male ou bône
Telle que dieu lui baille et dône
℃ Les planetes et firmament
Ceste figure note present.

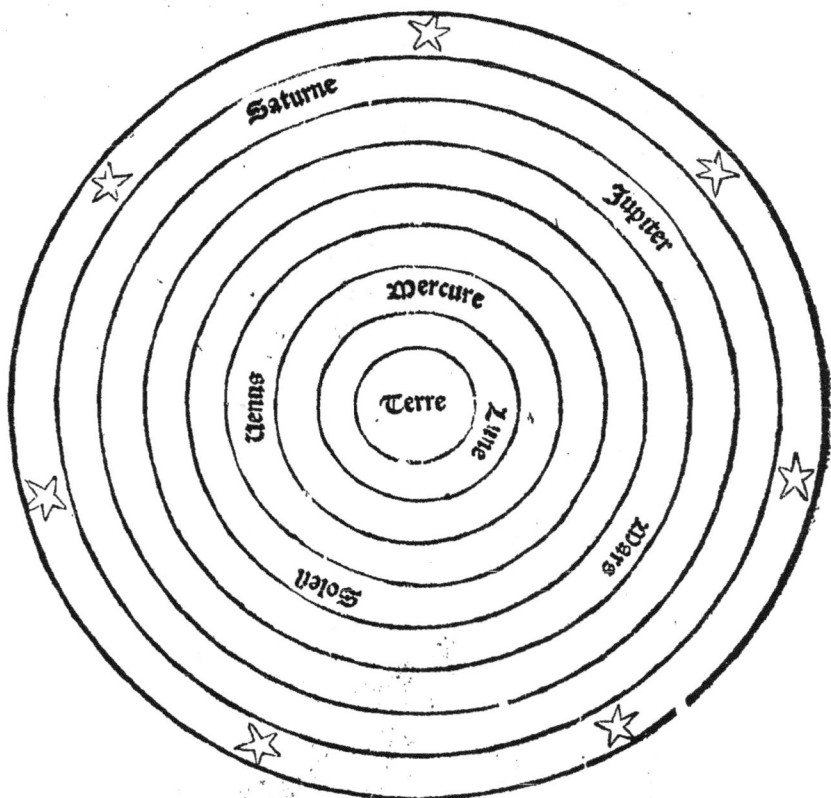

Saturne

Jupiter

Mercure

Venus

Terre

Lune

Mars

Soleil

Ais puis que en ce second escript
Auons le firmament descript
Si vous en dirons la mesure

Pour mieulx entendre la figure
Et ce quest sur le firmament
De paradis pareillement.

⸿ Cy cōmance la tierce partie.
Cōment il est iour τ nuyt.

Uincētius in specu-
lo naturali.li. xv. c.
lxxv.cū tribus seque̅
tibus capitulis,

N ceste tierce partie
finerons lastronomie
Et vous dirons premierement
Cōme iour et nuyt nous surprent
Pour les eclipses faire entendre
Et autre chose pour aprendre
⸿ Le soleil entre nuyt et iour
Fait enuiron la terre vng tour
Et va vnyement chascune heure
Et tant que sur terre demeure
Nous auons du iour le deduit
Quant dessoubz est/nous auons nuyt
Si cōme on proit tournoyant
Vne chandelle/toute ardant
Enuiron sa teste/ou son poing
Ou entour vne pōme/loing
La partie/qui plus adroit
Deuers la chandelle seroit
Auroit la clarte et lumiere
Et lautre/qui seroit derriere
De lautre part/seroit obscure
Ainsi le soleil par nature
Fait sur terre/iour et nuyt naisstre
Et deuers lui fait le iour estre
Et laisse lautre part vmbreuse
De la terre/quest tenebreuse

Pour ce qué fur icelle part
Ne peut point auoir de regart
C Cefte vmbze fappelle la nupt
Qui du iour nous tolt le dedupt
Mais pour ce que le foleil eft
Plus grant/que toute terre neft
Ha leð vmbze diminuant
Tant quen la fin de vient a neant
A la maniere dun clochier
Aigu/quon fait en vng mouftier
Mais fe la terre et le foleil
fuffent de grandeur tout pareil
Lombze ne prendzoit point de fin
Et feroit touliours fans declin
Mais fe la terre eftoit plus grant
Lombze feroit plus eflargeant
Dont vous pouez bien veoir le cas
Par ces trois figures cp bas.

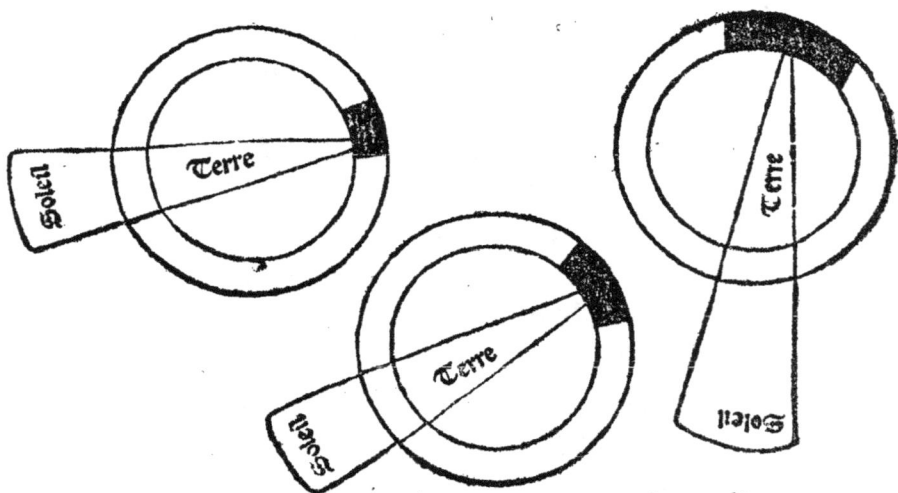

Toutesfoiz sans point de figure
Lentendrez prenant chose obscure
Qui le regard empescher peust
Cõme feroit pierre ou fust
Et deuant voz yeulx la mectez
Contre ce que veoir appetez
Ciel/ou terre/ou ce quil vous plaist
Si celle chose plus grande est
Que entre voz yeulx na de distance
Si vous gardera sans doubtance
De veoir derriere elle en grandeur
Trop plus/que en soy na de largeur
Et segalle est et consonant
A linteruallle et au distant
Dentre voz yeulx si nostera
Vostre vrue/et nempeschera
Que ne voyez entierement
Fors dautant quelle aura de grant
¶ Se la chose a moins de grandeur
Quentre voz yeulx na de longueur
Moins vous ostera veoir pour certain
Quelle nest large/pres ne loing
De ce que regarder vouldrez
Et quant la chose plus mectrez
Pres de voz yeulx/tant pourrez plus
Veoir de lautre part/par dessus
Tant que veoir vous la pourrez toute
Ainsi est du soleil sans doubte
Qui terre passe en grandeur tel
Quil voit alentour tout le ciel
Et aux estoilles clarte rent
Qui sont dedens le firmament.

¶ Pourquoy on ne voit les estoilles
de iour ne le soleil de nupt

Uincenti⁹ vbi supra
proxime.

Ans cesser/dessus/et dessoubz
Mais celles qui sont dessus nous
De iour/ne pouõs nous pas veoir
Car il nous en tolt le pouoir
Par sa clarte/qui est si grant
Cõme se vne chandelle ardant
De nupt/dessus nous on mectoit
Et se vng feu entredeux estoit
Qui rendist vne grant lumiere
Il nous garderoit que derriere
La chandelle ne pourrions veoir
Mais qui le feu vouldroit asseoir
Et mectre derrier nostre dos
Lors pourrions bien veoir dessus nous
Tout clerement lardant chandelle
Ainsi est de chascune estoille
Que lon ne peut pas veoir de iour
Tant que le soleil fait son tour
Sur terre/mais quant dessoubz est
Nous les voyons/iusque il renaist
¶ Celles qui de iour sur nous sont
En este celles mesmes/sont
De nupt/en yuer/dessus nous/
Et celles deste sont dessoubz
Car celles quen este voyons
En yuer/veoir ne les pouons
Car le soleil qui va entour
Nous en oste la veue de iour
Pour ce quelles sont ou il est
Tant que sur elles remis sest

Mais toutes sont enluminees
Quelque part qnelles soient tournees
Touliours tant de nupt que de iour
Par le soleil/qui va entour
Qui par tout lupst et bas ethault
Ne iamais sa clarte ne fault
A nulle chose pour certain
Que ace qui de terre est prouchain
Dautant que lombre peut comprendre
A quop ne peut sa clarte rendre
Ainsi que entendre le pouez
Par les figures que voyez.

La terre est ce qui nous defend
Le iour/que le soleil nous rend
Et selle estoit de clarte telle
q̃ lon peust veoir tout oultre icelle
Touliours le soleil on verroit
Quant dessoubz ou dessus seroit
Mais lobscurte quelle contient
Nous cause cest empeschement
Dont lombre obscur/que appellons nupt
Nous vient/lequel tournopant supt
En tous sens/le soleil touliours
En faisant tout autant de tours
Entour la terre/cõme il fait
Car contre lui touliours se traict
Quant le soleil au matin naist
En occident lað/vmbre est
Et quant il est endroit mpdp
La terre est claire dessoubz lui
Et quant il couche en occident
Icelle vmbre est en orient

Quant le soleil est dessoubz nous
Lors auons nous lombre vers nous
Qui toussiours sen va abaissant
Du coste deuers occident
Tant que le soleil nous reuient
Qui la nupt chasse et le iour tient
Côme le pourrez conceuoir
Par ces deux figures et veoir

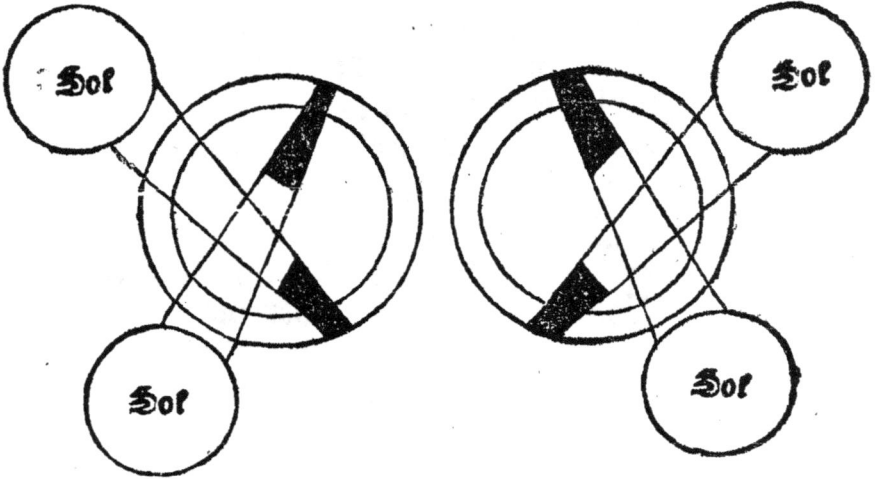

Côment la lune recoit diuersemêt lumiere

Dis que iour et nupt vous auons
Declaire/selon que sauons
de la lune/traicter côuient
Côme sa lumiere retient
Du soleil/ainsi que comprendre
Le pouons/et sauons entendre
Quant du soleil plus elle approuche
En elle/moins de clarte touche
Et quant elle est du tout dessoubz
Lors nappert elle pas a nous

Uincêtius in specut
lo naturali lib.xv.c.
vij.viij.et ix.

Pour ce quelle eſt/entre la terre
Et le ſoleil/qui la va querre
Et quant obſcure eſt vers nous ca
Elle eſt bien claire p dela
Et a loꝛs ne la voyons point
Mais quant elle a paſſe le point
Que enſus du ſoleil ſe remue
Loꝛs apert ſa clarte coꝛnue
Et quant plus ſen va eſlonguant
Tant y voyons plus de luyſant
Juſques tant quelle apert dempe
Et loꝛs/a/la quarte partie
De ſon cercle/tout alentour
En chaſcun mois/parfaict ſon tour
Si ſen va touſiours eſlonguant
Et ſa clarte plus augmentant
Tant que toute apert clere et belle
En ſemblance dune roelle
Mais loꝛs eſt elle ſi en ſus
Du ſoleil/cõme elle peut plus
En ſon cercle/par dautre part
Dꝛoictement deuers ſon regart
Tant quelle eſt plus enluminee
Et toute deuers nous tournee
Aloꝛs eſt la terre entre eulꝛ deuꝛ
Parquoy ne pouons veoir les deuꝛ
Deſſus terre aumoins que bien peu
Mais lun diceuꝛ eſt touſiours veu
Juſque au coucher/depuis quil naiſt
Et lautre/deſſoubꝫ la terre eſt
Tant quil apert vers oꝛiant
Et loꝛs voit on lautre couchant

par ainſi ne peut on pas veoir
Les deux enſemble main et ſoir
Et quant la lune parfaict a
La moictie de ſon tour/ſen va
Des lors du ſoleil approuchant
Dont ſa clarte/va decroiſſant
Tant quelle nous apert dempe
Puis vient a ſa quarte partie
Car lors elle a les trois quartiers
De ſond cercle tous entiers
Et du ſoleil ſi pres eſtant
Que ou premier quartier de deuant
Touſiours plus pres ſapprouchant côtre
Tant que cornue ſe remonſtre
Par dautre part/côme deuant
Et ainſi ſen va defaillant
Car quant du ſoleil eſt prouchaine
Ny appert plus aucune enſeigne
Ainſi que ceſte figure
Lexemplifie et figure.

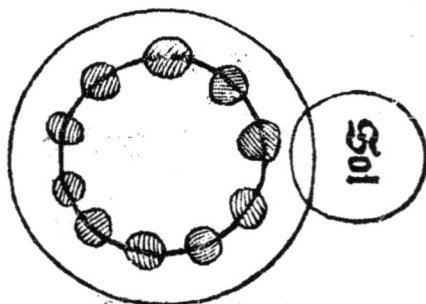

¶ De leſclipſe de la lune.

La lune ſouuent aduient
Que clarte perdre lui côuient

Johannes de ſacro
buſto in opuſculo
ſpherico cũ trib° cõ

metienouiter editis
xlj.capto.
Et vincētius in spe:
culo naturali.li.xv.
c.xiij.xiiij.t.xv.

Et lors cõme elle appert plus plaine
Si deuient ainsi cõme vaine
Petit apetit defaillant
¶Bien auez oy cy deuant
Cõment elle recoit lumiere
La moictie/ou soleil entiere
Mais quant eclipser la cõuient
Nulle part clarte ne lui vient
Et iamais ne lui vient que alors
Quelle nait la moictie de son corps
Qui vers le soleil est tournee
Tousiours de lui enluminee
Mais la lune qui pas ne voit
Tant auant que le soleil fait
Passe aucunesfoiz par tel voye
Que la terre toute lombroye
Car la terre est plus grande quelle
Parquoy telle vmbre recoit delle
Et entre eulx deux a vne ligne
Par ou la lune se decline
Et briefuement son cours parfait
Le soleil apres lui remect
Clarte de ses raiz et lui rent
Lumiere/que de lui reprent
Et quant moins passe par telle vmbre
Tant moins lui oste elle et encombre
De sa clarte/quelle recoit
Du soleil/en lieu quelle soit
Tant que icelle retourne prendre
¶Cecy pouez ainsi entendre
Sune ligne parmy passoit
La terre/et pardehors yssoit

Par le point et meilieu dicelle
Des deux pars/et quelle fust telle
Que lun des boutz passast dehors
Jusques/et tout oultre le corps
Du soleil/tout par droit regart
Le bout estant de lautre part
Qui de terre proit aussi loing
Passeroit tout parmy le coing
De lombre/ou il seroit toussours
Et la lune en faisant son cours
De ca/et dela/chascun mois
Passe parmy aucunesfoiz
Et tombe dedens lad vmbre
Qui de toute part lui encombre
La clarte du soleil tenir
Que a elle ne peut paruenir
Et quant plus est endroit la ligne
De tant plus sa clarte decline
Ainsi voit on aucunesfoiz
La lune ou meillieu de son mois
Côme plus est plaine/aduenir/
Et sa clarte toute finir
Dedens vne nupt/et reprendre
Côme pouuez icy entendre

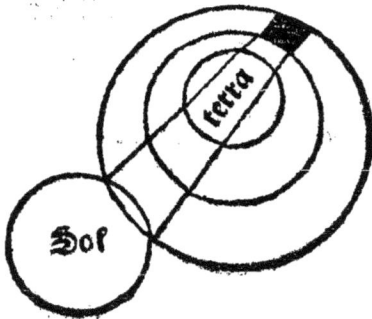

mētiōnouiter editis
tij.cap.io.
Et vincétius in fpe-
culo naturali.li.xv.
c.xiij.xiiij.z.xv.

Et lozs cōme elle appert plus plaine

Si deuient ainfi cōme vaine

Petit apetit defaillant

¶Bien auez oy cy deuant

Cōment elle recoit lumiere

La moictie/du foleil entiere

Mais quant eclipfer la cōuient

Nulle part clarte ne luy vient

Et iamais ne luy vient que alozs

Quelle naīt la moictie de fon cozps

Qui vers le foleil eſt tournee

Touſiours de luy enluminee

Mais la lune qui pas ne voit

Tant auant que le foleil fait

Paffe aucunelfoiz par tel voye

Que la terre toute lombzoye

Car la terre eſt plus grande quelle

Parquoy telle vmbze recoit delle

Et entre eulx deux a vne ligne

Par ou la lune fe decline

Et bziefuement fon cours parfait

Le foleil apzes luy remect

Clarte de fes raiz et luy rent

Lumiere/que de luy repzent

Et quant moins paffe par telle vmbze

Tant moins luy oſte elle et encombze

De fa clarte/quelle recoit

Du foleil/en lieu quelle foit

Tant que icelle retourne pzendze

¶Cecy pouez ainfi entendze

Sune ligne parmy paffoit

La terre/et pardehozs yffoit

Par le point et meilieu dicelle
Des deup pars/et quelle fust telle
Que lun des boutz passast dehors
Jusques/et tout oultre le corps
Du soleil/tout par droit regart
Le bout estant de lautre part
Qui de terre proit aussi loing
Passeroit tout parmy le coing
De lombre/ou il seroit toussours
Et la lune en faisant son cours
De ca/et dela/chascun mois
Passe parmy aucunesfoiz
Et tombe dedens lad vmbre
Qui de toute part luy encombre
La clarte du soleil tenir
Que a elle ne peut paruenir
Et quant plus est endroit la ligne
De tant plus sa clarte decline
Ainsi voit on aucunesfoiz
La lune ou meillieu de son mois
Côme plus est plaine/aduenir/
Et sa clarte toute finir
Dedens vne nuyt/et reprendre
Côme pouuez icy entendre

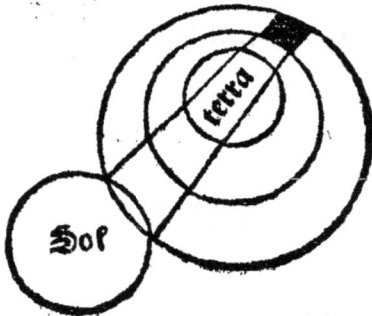

Jo. de sacro busto. z
Uincenti⁹ vbi supra
proxime.

O soleil qui sa clarte pert
Dedens le tour côme il appert
Par foiz / venant côme a declin
Que appeller chascun est enclin
Eclipse / faulte est de lumiere
Qui lui vient en ceste maniere
Quant la lune qui va soubz lui
Se rencontre entre nous et lui
Tout droit dedens la droicte ligne
Lors côuient quelle nous estaigne
La clarte du soleil en hault
Tant quil nous semble quil default
Car la lune nest pas si claire
Que oultre elle clarte puisse faire
Côme parmy vne autre estoille
Tout ainsi que dune chandelle
Qui loing de nostre esgart seroit
Puis missiez la main alendroit
De la chandelle / et nostre veue
Lors aurions sa clarte tollue
Et hors de nostreð regart
Ne veoir la pourrions celle part
❡Quant plus endroit la main seroit
Moins de la chandelle on verroit
Tant que sa veue pdrions toute
Ainsi de lesclipse est sans doubte
Car le soleil et la lune
Nont pas leur voye cômune
Ains a la lune vne autre voye
Qui de lautre vng peu se desuoye

Pource ainsi nous couuent entendre
Que qui pourroit en hault extendre
Vng fil/de nostre esgard tout droit
Iusque au soleil/quant on le voit
Ainsi entendez ceste ligne
Dont souuentesfoiz se decline
La lune deca ou dela
Chascun mois ainsi quelle va
Soubz le soleil come dit est
Mais quant audroit de la ligne est
Et quelle passe par icelle
Alors le soleil nous oste elle
Si que veoir nous ne pouons pas
Tandis come elle est en ce pas
Et fait adoncq a la terre vmbre
Car les raiz du soleil encombre
A venir celle part sur terre
Endroit ou le soleil la serre
Et ceulx qui lors sont celle part
Ont lombre derrier leur regart
Mais nappert pas comuneement
Par tout le monde a toute gent
Car la lune si grant nest mye
Que la terre de grant partie
Pource pas toute ne lombroye
Fors la ou elle chet en roye
De la ligne qui droit se serre
Parmy le soleil a la terre
Dont les philozophes souloient
Aller la ou ilz la sauoient
Pour mieulx enquerir par leur sens
A promuer le iour et le temps

l

Et les choses qui aduenoient
Dont maints affaires entendoient
Parquoy ilz en prisoient dieu plus
Ainsi voyons nous de ca ius
Leiclipse du soleil sur nous
Quant la lune est endroit dessoubz
Et tant que la lune est plus basse
Quant la ligne le soleil passe
Et sen va tousiours eslonguant
Il nous appert come deuant
Et la lune qui va apres
Cornue appert trois iours apres
De cest eclipse pouez cy
Entendre ce que auez oy.

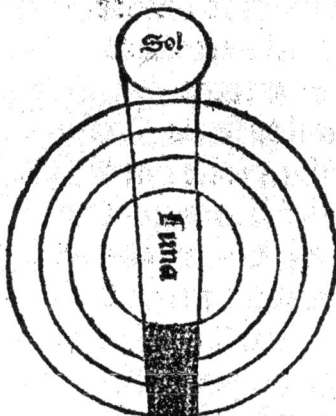

¶ De lesclipse qui aduint a la mort de
thesucrist nostre sauueur.

Jo. de sacro busto &
Uincenti° ybi supra

Insi que la lune nous tolt
Le soleil/ainsi se reclost
Soubz terre/la clarte souuent
Sicome auez oy deuant
Mais eclipse estre ne pourroit

De la lune pour riens qui soit
Fors alors quelle appert plus plaine
Ne du soleil pour nulle peine
Sinon ou default de la lune
Si dieu qui peut muer chascune
Chose / ne le faisoit venir
Car tout peut faire a son plaisir
Ainsi cõme il fist celle foiz
Que thesucrist fust mis en croix
Que faillit la clarte du iour
Et fut entre nõne et myiour
Et la lune estoit tant ensus
Du soleil / quelle pouoit plus
Car alors toute plaine estoit
Et dessoubz terre demouroit
Et si en fut le iour obscur
Lors quil deuoit estre plus pur
Dont sainct denis / qui est en france
En grece estant / eut grant doubtance
Car payen et bon clerc estoit
Et dastronomie sauoit
Et quant vit ceste obscurte grant
Selmerueilla incontinant
Et trouua par astronomie
Que ce ne pouoit estre mye
Par nature ne par raison
Que eclipse aduint en tel saison
Lors dist vne parolle obscure
Ou le dieu dist il de nature
Grant tourment souffrir dire fault
Ou que tout le monde default
Et congneut que grant dieu estoit

Et ita cũdioxisso di
xerunt alij phi athe
niéses. yt refert vin
cētius in speculo hi
stoxiali lib . viij. ca.
lxxxviij. et. lxxxix.

I ij

Et que sur tout pouoir auoit
Combien quil creust en plusieurs dieux
Ainsi que on faisoit en maints lieux
Lors fist en hault faire vng autel
Derrier tous les autres/auquel
Nul napprochoit/que il seullement
Quon ne le tint a mescreant
Et lui bailla quant il leut veu
Nom dautel du dieu descongneu
Lequel adora/et cher tint
Tant que sainct pol celle part vint
Pour ce que grant clerc le congneut
Parquoy plus tost conuerti leut
Par miracle et par sa clergie
Côme est recite en sa vie
Ainsi fut il fait chrestian
Qui parauant estoit payan
Par sað clergie et sens
Enquoy ne pðit pas son temps
Et ce quil sceut dastronomie
Nullement ne lui nupsit mye
Car puis si sainctement vesquit
Que de paradis eut le fruict
¶ Des eclipses oy auez
Et sentendre bien les sauez
Ja pis nen vauldrez/se mieulx non
Car cest signiffication
Que telz choses ont apparances
Daucunes grandes demonstrances
Ce dient les astronomiens
Côme defaulte daucuns biens
Cher temps.ou guerres.ou desroiz

Ou mors de prince/ou de roys
Que aduenir doiuent dessus terre
Lom par raison on peut enquerre
⫶Telle eclipse qui si grant fut
De la mort thesus signe fut
Qui pour lui aduint autrement
Quil ne fist oncq/pour autre gent
Car sire est/et roy par droicture
Qui fait/et desait/par nature
Les autres/par nature aduienent
Qui en terre leur vertu tienent
Des choses/qui sont aduenir
Côme quelque foiz de finir
Ce qui est en terre briefment
Dieu ne fist pas le firmament
Naussi les estoilles pour neant
Qui par sur nous vont tournoyant
Ains noms et vertuz se ie nerre
Leur dôna/en ciel et en terre
Chascune selon sa puissance
Sur toute chose ayant naissance
Et nest chose en terre qui nait
Pouoir/selon ce que auoir doit
⫶Atant de parler cesserons
Des eclipses/et parlerons
De la vertu du firmament
Des estoilles/pareillement
Qui leurs vertuz sauoir pourroit
Quant quil ya ca bas sauroit
Par raison de droicte nature
Tant y fust bien la chose obscure.

⫶De la vertu du ciel ꝗ des estoilles.

Uincētius in specu
lo naturali li.rv.ca.
liij.et seqn.z.c.rlviij

Rouez de ceste science
Parquoy on vient a sapience
Des choses cōgnoistre et enquerre
Qui peuent aduenir dessus terre
Par euure de droicte nature
Qui par le monde se figure
Le ciel et les estoilles sont
Instrument/de nature amont
Qui ouurent tousiours en leur fait
Loing et pres/ainsi que dieu fait
De tous temps/a la congnoissance
Qui de ceste art a congnoissance
Et des estoilles que ouciel sont
Qui en terre leurs vertuz ont
Que dieu octroya a chascune
Et au soleil et a la lune
Qui au monde font clarte naistre
Par loctroy du souuerain maistre
Car par elles corrompt et naist
Toute chose/que en ce monde est
Qui a fin et cōmancement
Ainsi le veult dieu/et consent
Toutes diuersitez qui sont
En gens/lesquelz maintes en ont
Soit de couraige ou de facture
Et tout ce que aduient par nature
En herbes/en plantes/en bestes
Aduient/par les vertuz celestes
Que dieu aur estoilles dōna
Quant premier le monde ordōna
Et par nature ainsi les mist
Quentour le monde aller les fist

Contre le tour du firmament
Et par le tour et mouuement
Et par la vertu que ou ciel a
Dit tout ce que soubz lui vie a
℃ Si de dieu estoit le plaisir
Que le ciel fist tout coy tenir
Quil ne tournast tout ala ronde
Chose nya dedens ce monde
Viuant.qui point mouuoir se peust
Ne que en lui aucun sens il eust
Non plus que vng mort qui riens ne sent
Du quel na sens ne mouuement
Côme en chose ou vie nest point
Et ainsi tout en vng tel point
Que chascune chose seroit
Alors que le ciel cesseroit
Son mouuement/ainsi seroient
Que iamais ne se remueroient
Tant quil reprendroit mouuement
Et lors mouuroient côme deuant
Mais lors qui de son sens pourroit
Vser/et veoir/que ce seroit
Moult pourroit il veoir de semblances
Et de diuerses contenances
Au autres gens qui y seroient
Qui remuer ne se pourroient
Et se mouuement ou ciel neust
Il nya riens qui viure peust
En terre/car dieu ne vouldroit
Qui tout voult establir adroit
Ainsi voulut former le monde
Aqui toute droicture habonde

Et riens creer il na voulu
A quoy il naît donne vertu
Telle come elle doit auoir
Autrement euſt il fait pour voir
Vne choſe inutille et de neant
Ou raiſon nauroit nullement
Mais ainſi ne la il pas fait
Car riens il nya dimparfaict
Il fiſt/crea/et ordonna
Les eſtoilles/et leur donna
A chaſcune/ainſi que deſſus
Eſt dit/leur pouoir et vertuz
Et qui ainſi ne le veult croire
En lui na raiſon ne memoire
Car nous voyons appertement
Que la lune lumiere prent
Tant que toute la voyons plaine
Lome na lors membre ne vaine
Qui ne ſoit plus plaine de humours
Que lors quelle eſt en ſon decours
Ainſi en prent de toutes beſtes
Plus ont plumes molles.et teſtes
Et la mer meſmes en enfle
Et en ſon decours ſe deſenfle
Et quant il vient vng mois apres
Celles beſtes de la mer pres
Quant la lune doit eſtre plaine
Chaſcune ſa meſgnie enmaine
Et ſeſlonguent de leur manoir
Et ſen vont en hault lieu manoir
Tant que la mer ſen va arriere
Chaſcun mois ſont en tel maniere

Et aduient tout ce par la lune
Qui des sept planetes est lune
Il aduient du soleil ainsi
Car quant il approche dicy
Et il encōmance a monter
Il fait la terre fruict porter
Et fait apparoir fueille et fleur
Et tout fait venir en verdeur
Les oyseaux cōmancent leurs chans
Pour la doulceur du nouueau temps
Et quant il prent a sabaisser
Il nous fait lyuer approucher
Et fait fueille et fleur diffinir
Jusque il cōmance a reuenir
℃ Puis que ces deux estoilles ont
Telz vertuz que ces choses font
Nont doncq pas este pour neant faictes
Les autres/que ou ciel sont pourtraictes
Ains/a/chascune sa droicture
Et sa vertu/selon nature
Pourquoy les diuersitez font
Aux choses/qui en terre sont
Et les mutations des temps
Lune vient tard/lautre partemps
Que vng an sont les fruictz plus tost meurs
Que lautre et beaucoup plus seurs
De tempestes et de greuances
Ilz font assez dautres muances
Vng an moiste/et doulx/se rencontre
Lautre venteux/et sec se monstre
Et des iours aduient il souuent
Quilz se changent soubdainement

Car lun est froit/et pluuieux
Plus fort que lautre/et plus chargeux
Lautre est plus/sans aucun peril
On voit lun beau/et lautre vil
Et bien souuentesfoiz voit len
Que de ce quon a plus vng an
En lautre lon a grant cherte
Et ce que en vng temps est plante
Tousiours ou pis ou mieulx reuient
Que lan apres/ou precedent
Toutes ces diuersitez font
Les estoilles/qui ou ciel sont
Mais cest par le vouloir de dieu
Qui chascune mect en son ieu
En ouurant naturellement
Et chascune diuersement
Et saucune riens nauoit vs
Es temps/que le soleil sans plus
Lequel va tout egallement
Chascun an par le firmament
Et en vng este autant monte
Côme il fait lautre par droit compte
Tous puers va egallement
Et chascun an pareillement
Par mesme lieu/pour ce scet on
Que es autres a/quelque raison
Et lautre estoille ny auoit
Son pouoir/autrement seroit
Car chascun an seroit semblant
A lautre/apres/côme deuant
Et les mois se ressembleroient
Chascun ainsi côme ilz viendroient

Vng ianuier/a lautre ianuier
Vng feurier/a lautre feurier
Et des autres dir mois ainsi
Car le soleil va tout ainsi
En vng mois côme il fait apres
En semblable/quant en est pres
Et le iour duy ressembleroit
Celui duy en vng an tout droit
De chault/de froit/de pluye/de vent
Et tous les autres pareillement
Et sembleroient/tant que lan dure
Et conuiendroit que par nature
Que chascun puer et este
Qui onques mais auroient este
Et qui iamais estre pourroient
Nulle diuersite nauroient
Et seroient tous les temps semblables
Beaulr/ou laitz/non contrariables
Toussiours en vng estat pareil
Côme ceulr qui par le soleil
Seroient conduictz/et demenez
Et eschauffez/et gouuernez
Car egallement va toussiours
Et chascun an parfaict son cours
Tenant adroit sa droicte voye
Sans ce que nullement desuoye
Mais est ainsi que le droit voille
De toute chascune autre estoille
Car sur toutes est la plus fine
Et toutes il les enlumine
Par la grant clarte quen lui est
Et toute chose par lui naist

Car plus de pouoir a en terre
Sur choses dont on puisse enquerre
Par nature raison et droit
Que nulle des autres qui soit
Mais aucunesfoiz lui descroissent
Sa chaleur/et la lui accroissent
Selon quelles sont de lui loing
Aucunesfoiz lui font besoing
Ainsi côme lon voit dun roy
Qui est plus grant sire endroit soy
Pour sa haultesse/et plus puissant
Que nul des autres de la gent
Qui bien souuent mestier lui font
Et de lui ayder tenuz sont
Et de tant que plus pres est deulx
Plus fort en est/et valereux
Et plus grant/et plus vertueux
Donc en terre a plus de pouoir
Quautre estoille ny peut auoir
Les autres/leur pouoir y ont
Chascune ainsi côme elles sont
℄ Mais puis que compte vous auons
Au plus brief que faire pouons
De la vertu du firmament
Apres vous dirons briefuement
Côme fut mesure le monde
En haulte chose et en profonde
De long dele de toutes pars
Par ceulx qui sceurent les sept ars
Dont geometrie en est vne
Aussi le soleil et la lune
Et la terre et le firmament

Les estoilles pareillement
☙ Ont ce prouue/par droiz regars
Ceulx qui trouuerent les sept ars
Congnoissans quilz ne pourroient mye
Sauoir adroit astronomie
Ne des estoilles la nature
Sans riens muer de leur mesure
Pour ce les vouldrent remirer
Et toute leur grandeur prouuer.

☙ Côme le monde fut mesure.

Out premier vouldrét la grâdeur
Du monde mesurer en rondeur
Parquoy la haultesse prouuerent
Des estoilles/et regarderent

Uidestur libri tho-
lomei.
Et vincêtius in spe
culo naturali li.rv.
z li.vj.in principio.

Tout alentour du firmament
Pour en faire mesurement
Et ne sceurent ailleurs trouuer
Plus grant mesure a mesurer
☙ Quant la terre eurent mesuree
Tout autour et enuirônee
Et sceu combien elle a despex
Enquirent de la lune apres
Pour ce quelle est la plus prouchaine
De la terre/et la moins haultaine
Puis vouldrent du soleil enquerre
Combien estoit hault sur la terre
Et combien son corps a de grant
Si le trouuerent excedant
Plus que toute terre dassez
Quant ces trois eurent compassez
Le soleil/la lune/et la terre

Ilz peurent de leǵier enquerre
Des autres eſtoilles apꝛes
Combien chaſcune eſt loing ou pꝛes
Et de la grandeur de chaſcune
Mais pas ilz nen trouuerent vne
Que ſon coꝛps neuſt plus de grandeur
Que la terre/tout en rondeur
Foꝛs trois des planetes ſans plus
Quon nôme mercure et venus
Et la troiſieſme eſt la lune
De ces trois icy chaſcune
Eſt plus petite/que la terre
Chaſcun le peut pour voir enquerre
Sil ſcet lart de geometrie
Et celui de laſtronomie
Mais ce /lui fault pꝛemier ſauoir
Ains quil puiſſe en ſauoir le voir
Et pour ce que tous ne ſont mye
Bons clercs/maiſtres daſtronomie
Ne qui la puiſſent eſpꝛouuer
Reciter ie veulx et pꝛouuer
Combien la terre a de longueur
Et combien elle a deſpeſſeur
Combien la lune eſt loing deſſus
Et le ſoleil combien de plus
Et quelle grandeur chaſcun a
Côme tholomee pꝛouua
Des eſtoilles du firmament
Nous parlerons pareillement
De leur grandeur et leur nobleſſe
Et du firmament la haulteſſe
De tout ce la grandeur dirons

Mais du roy premier parlerons
Qui tholomee eut a nom
Qui tant de demonstration
Sceut/qui les euures veult sercher
Et astronomie eut moult cher
Si vous dirons daucuns affaires
Qui ne vous seront pas contraires
Se oir les voulez et entendre
Ains y pourrez assez aprendre
Et puis apres vous parlerons
Du monde ainsi que nous saurons
De tholomee oyez le dict
Et de ceulx dont feray recit.

Du roy tholomeus.

Astronomie fut subtil
Tholomeus vng roy gentil
Qui fut roy de toute legipte
Et la terre tint long teps quicte

Uideãtur libri tho
lomei. z vincentius
vbi supra prime.

Plusieurs tholomees a eu
Mais cest cil qui plus en a sceu
Et qui plus des estoilles quist
Que nul des autres dont il fist
Maint beau liure/et maint instrument
Par quoy lon prenue appertement
De terre/toute la grandeur
Et du firmament la haulteur
Cóme les estoilles/leurs cours
font/tousiours/par nuyt/et par iours
Par lui furent trouuees premiers
Orloges quon mect es moustiers
Qui les heures du iour deuisent

Et par nupt/les moines aduisent
De se trouuer/en leurs eglises
Pour mieulx faire adroit leurs seruices
De nupt et de iour adroicte heure
Car dieu/a/agre quon labeure
A le seruir entierement
Chascun iour ordinairement
Et les oraisons quon recite
Chascun iour/a droicte heure eslite
Plaisent plus a dieu que ne font
Celles/qui en diuers lieux sont
Dictes.lun iour tost/lautre tart
Et les prent dieu plus a sapart
Et pour ce faisoit bon mestier
Lorloge en vng chun moustier
Et les gens vauldroiết beaucoup mieulx
Selon dieu/et viendroient plus vieulx
Et bien plus longuement viuroient
Se a vng droit point se maintenoient
Tant de orer/menger/que autre afaire
De chascun a son heure faire
Et ce seroit chose legiere
Silz vouloient changer la maniere
Dautrement faire còme ilz font
Car vne chose les confont
Cest auoir/dont ilz ont enuie
Bruslans au pourchaz de leur vie
Pour assembler les grans tresors
Dont plus ilz pourchassent leurs mors
Car les grans tresors quilz assemblent
Tous leurs sens et leurs cueurs leur emblét
Tant que adroit ne se peuent meuer

Ne leurs affaires ordonner
Pour viure ainsi come ilz deuroient
Dont touliours plus aiſes ſeroient
Et en viuroient plus longuement
Et ſelon dieu plus ſainctement
Mais plus ayment gaing et auoir
Que ce qui tant leur doit valoir
Parquoy la mort ilz ſe conquierent
Laiſe du monde quilz quierent
Ilz la perdent pour leur gaigner
Et quant mieulx ſen cuident ayder
Et eſtre a leur aiſe et ſouhait
Lors meurent ilz a grant regret
Car la peine et la couuoitiſe
De lauoir/ou touliours ont miſe
Toute leur entente/et leur cure
Sans ordonnance/et ſans meſure
Les a plus toſt menez a mort
Et bien ſouuent maint home eſt mort
Que quant tous les affaires euſt
Ordonnez/ainſi come il deuſt
Chaſcun iour/a heure eſtablie
Si toſt neuſt abrege ſa vie
Ains plus euſt veſcu ſain et fort
Et ainſi ſe haſtent leur mort
Car nature ne peut ſouffrir
Diuerſitez ne ſoy offrir
A leurs ſoudaines remuances
Quilz font par leurs folles enfances
Leſquelles ne plaiſent de rien
A dieu/car nen peut venir bien
Plus ayment le gaing dauoir/faire/

m

Que chose qui puisse a dieu plaire
A lesglise vng iour tost pront
Mais priere adieu ny feront
Lautre iour tard ou a telle heure
Que ia ny feront grant demeure
Ainsi ne pront pour dieu prier
Fors quant ilz cupdront moins gaigner
Et moins gaigneront ilz sans faille
Car ilz seruent dieu de leur paille
Et tel guerdon leur en rendra
Que leur paille/cher leur vendra
Et se bien seruir le vouloient
Plus grant bien auoir ilz pourroient
En vng iour de lui que espargner
En mil ans sauroient/ne gaigner
Telles gens ont fol escient
Car dieu seruir cupdent de neant
Qui tout scet/et tout apparcoit
Et tous leurs cueurs et pensees voit
Lesquelz quant ilz vont au moustier
Ny vont pas pour le deprier
Mais pour le loz du monde auoir
Et prient plus que dieu leur auoir
Dueille garder/et augmenter
Que pour leur ame substanter
Et merueille est de telles gens
Qui sont bien seurs et congnoissans
Quilz viuent mal/et en dangier
Et ne se veullent corriger
Bien se doiuent ilz desdaigner
Quant ainsi se laissent gaigner
A si folle chose que cest

Le diable (ouquel tout mal naiſt)
Foible eſt/quant il voit quil ne peult
Vaincre/fors celui qui le veult
En lôme na pouoir/fors tant
Que a faire mal il ſe conſent
Car ſil ſe veult a bien conduire
Il na nul pouoir de lui nuyre
Ne faire riens dont il ſe dueille
Tant côme a bien tenir ſe vueille
Et peut on bien dire deulx fy
Quant ilz ſont de cueur ſi failli
Que ſi foible choſe les vainct
Et a mal faire les contrainct
Dont a perdicion les maine
Ou iamais ne ſeront ſans peine
Ne iamais bien ne ſoye auront
Donques ſont folz ceulx que ainſi font
Car ilz nauront iamais mercy
Mais de ce nous tairons icy
Pour a tholomee reuenir
Qui ſon cueur miſt a dieu ſeruir
Dont grant loyer il en receut
Car veritablement moult ſceut
De ſcience/et de grant clergie
Dont maint liure fiſt en ſa vie
De ſes liures furent extraictz
Les nombres dont les ans ſont faiz
Et celui de la lune exprime
Parquoy lon ſcet quant elle eſt prime
Dont iulles ceſar fiſt la ſomme
Qui ſe fiſt empereur de rôme
Et compaſſa le kalendrier

m ij

Dont lesglise auoit grant mestier
Car par le kalendrier scet len
Le cours de la lune/et de lan
Parquoy lon scet côme lon doit
Chascun iour viure en son endroit
En menger/et en labourer
En dieu prier/et adorer
Aux iours simples/ouurans/annuelz
Et aux saincts autres iours solénelz
Selon la coustume et la guyse
De nostre mere saincte eglise
Des saincts temps nous fait congnoissans
Des karesmes et des aduens
Esquelz chascun se doit reduire
Pour enuers dieu bien se conduire
Afin dauoir ceste grant ioye
Que dieu a ses amys enuoye
Qui le seruent de cueur entier
Cecy aprent le kalendrier
Qui fut extraict dastronomie
Dont tholomee fist sa mye
Car plus en sceut que onques ne fist
Personne qui iamais nasquist
De quelque estat que lon sceust exprimer
Apres adam nostre pere premier
Lequel toutes les ars bien sceut
Et entierement les congneut
Côme celui que dieu fist de sa main
Et qui vouloit quil fust lê souuerain
De beaute/de force/et de sens
Sur tous hômes/qui puis son temps
Peussent estre/iour de leur vie

fozs ihefucrift/le filz marie
Car de fauoir/fens/et beaute
Lui dôna dieu telle plante
Quonques puis hôme tant nen eut
Et naura/mais depuis quil eut
Confenti/au peche fa féme
Tant pdit du fens de fon ame
Quil en deuint hôme moztel
Et deuant fon peche/fut tel
Que iamais mozt ne leuft furpzins
Et nous tous y feuffions compzins
Car fe bien il fe feuft conduict
En foulaz/en ioye/et deduict
Auecques lui poffediffions
Paradis terreftre/ou feuffions
Tous fans peche multipliez
Et puis ou ciel glozifiez
Mais puis quil eut goufte du fruict
Son fens en fut du tout deftruict
Et cozrumpu/par fon peche
Dont chafcun de nous eft tache
Et ny eut chofe ou firmament
Qui pis nen vaulfift que deuant
Les eftoilles mefme en rendirent
Moins de clarte/que auant ne firent
Ainfi le peche que adam fift
Toutes chofes empirer fift
Quauoit fait dieu pour lôme naiftre
Car il le voulut faire maiftre
De tous les biens quil auoit fait
Mais auffi toft quil eut meffait
Defime fut/et defpourueu

De sens/beaute/force/et vertu
Et lui sembla qne tout nud fust
Et que perdu tous biens il eust
Ainsi que hôme mis en exil
Neautmoins lui demoura il
Plus de beaute/force/et sauoir
Que iamais hôme peust auoir
Lesquelles trois vertuz quil eut
Eut le roy dauid/qui tant sceut
Deux filz quil eut/comparez furent
Au sens et beaute que en lui furent
Pour le sens/ce fut salomon
Et pour la beaute/absalon
A sa force aussi/ce tient on
fut compare le fort sanson
Ainsi furent ces trois vertuz
En adam/et encores plus
Car plus parfaitement les eut
Que nul des autres piece neut
Il sceut toutes ars de clergie
Mieulx que hôme qui fust oncq en vie
Car de dieu lui furent aprises
Qui puis furent par plusieurs quises
Mais de les sauuer grant peine eurent
Pour le deluge quilz congnurent
Qui deuoit aduenir au monde
Par feu/et par eaue/bien profonde.

¶ Côme les sept ars furêt sauuees au deluge

Epuis adam maintes gens furêt
Qui des sept ars la sciece eurent
Que dieu leur enuoya sur terre

Dont aucuns voulurent enquerre
Dece monde/quil deuiendroit
Et se iamais defineroit
Lesquelz trouuerent sans faillir
Quil deuoit par deux foiz finir
A lune foiz/par eaue moult grant
Et a lautre/par feu ardant
Mais ne peurent sauoir entre eulx
Lequel premier seroit des deux
Deaue/ou de feu/adoncq ilz eurent
Grant pitie/des clergies quilz sceurent
Qui seroient ainsi deperies
Selles nestoient bien garenties
Lors penserent questoit de faire
Car bien congnurent le mistere
Que apres le premier finement
Seroit encor vne autre gent
Parquoy firent colompnes faire
Si grandes quilz peurent pourtraire
Qui come aucuns ont voulu dire
De marbre estoient/si que destruire
Leaue/ne le feu/nullement sceussent
Ains que entieres demourer peussent
Et toutes dune piece estoient
Ne ioincture aucune nauoient
Esquelles colompnes ilz mirent
Les ars/que grauer ilz y firent
Afin destre aprinses par ceulx
Qui les trouueroient apres eulx.

¶De ceulx qui retrouuerent les
clergies apres le deluge.

m iiij

Uideat cronica mū
di ⁊fasciculus tēpo
rū vbi supra ꝓxime

Ꝺnsi furent clergies sauuees
Et par tel engin pꝛeseruees
Ꝺu deluge/qui tout noya
Ce que dessus terre trouua
foꝛs noe/sa fēme/et mesgnie
Et tout ce de sa compaignie
Lesquelz en larche furent mis
Cōme dieu lui auoit cōmis
Car par eulx voult estre refaict
Le monde/apꝛes quil leut defaict
Loꝛs cōmancerent a refaire
Leurs maisons/et leur autre afaire
Mais moult grossement les faisoient
Cōme ceulx qui bien peu sauoient
Et peu sceurent que faire deurent
Iusques tant que les clergies furent
Retrouuees/loꝛs congnurent mieulx
Ce que pꝛopice estoit a eulx
Pour a leurs maulx trouuer refuge
Mais le pꝛemier/puis le deluge
Qui de les trouuer sentremist
Et qui sentence en clergie mist
Ce fut sen/lun des filz noe
Qui son cueur eut ace voue
Et tant y vsa de sa vie
Quil retrouua dastronomie
Sne partie agrant ahan
Puis apꝛes lui/vint abꝛahan
Qui en retrouua grant partie
Puis furent autres qui leur vie
Y vserent le mieulx quilz sceurent
Qui en baillerent tant quilz peurent

Le fondement/et la raison
Apres vint le saige platon
Qui moult de philozophie sceut
Et aristote/qui son clerc fut
Leo platon/fut hôme au monde
De plus grant science profonde
Et qui plus mist clergie auant
Que nul/depuis lui/ne deuant
Il prouua premier pour certain
Quil nestoit que vng bien souuerain
Qui tout fist et dont tous biens viénent
Côme ses liures le contiénent
Cest dieu/en la pure vnite
Enquoy prouua la trinite
Son pouoir/son sens/et son bien
Et clement le sainct chrestien
Les trois applicqua côme on dit
Au pere/au filz/au sainct esprit
Baillant au pere la puissance
Et a son filz la sapience
La bienueillance/au sainct esprit
Côme lon trouue par escript
Aristote pareillement
De platon/loppinion tient
Qui de lui aprint ce quil sceut
Et les choses que dictes eut
Lart de logique ordôna bien
Car plus en sceut que dautre bien
Les deux/trois parsônes trouuerent
En vng seul dieu/et le prouuerent
Mais riens nen fut escript par eulx
En latin pour ce que tous deux

Sarrasins furent/et regnoient
Plus de trois cens ans/et estoient
Deuant que shesucrist naquist
Et riens nul deulx en latin fist
Mais tous leurs liures compillerent
En langue grecque/et redigerent
Dont boece/qui depuis fut
Aucuns translater en voulut
Et les mist de grec en latin
Mais premier de ses iours print fin
Que translatez les eust peu tous
Dont ce fut grant dómaige a nous
Et ceulx que apres lui demourerent
Dautres grans clercs les translaterent
Mais il en translata le plus
Lesquelz auons encor en vs
Maints bons liures fist en sa vie
De moult haulte philozophie
Esquelz nous monstre se voulons
Cóme enuers dieu viure deuons
Depuis ont este maints grans clercs
Au monde/en grant science expers
Qui aprindrent toute leur vie
Des sept ars/et dastronomie
Lesquelz firent de grans merueilles
Par leur science et nompareilles
Mais plus que autre sen entremist
Virgile/qui plusienrs en fist
Parquoy cy vous en parlerons
Daucunes selon que saurons.

⁋ De ce que virgille fist par astronomie.

Uincentius in specu=
lo hiſtoriali li. vj.c.
lx.et.lxj.

Euant iheſucriſt fut virgile
Qui eſõ ars fut fort habille
Et en vſa toute ſa vie
Tant quil fiſt par aſtronomie
Pluſieurs grans merueilles aplain
Jl fiſt vne mouſche darain
Que quant il la mectoit en place
Faiſoit des autres telle chace
Que nulle autre mouſche noſoit
Approucher delle/et ne pouoit
De deux trectz darc loing alentour
Que morte ne fuſt/ſans retour
Tout auſſi toſt quelle paſſoit
La limite/quil lui bailloit
Darain auſſi fiſt vng cheual
Qui gariſſoit de chaſcun mal
Tous les cheuaulx qui mal auoient
Jncontinant que veu lauoient
Jl fonda par ſubtilite
Sur vng oeuf/vne grant cite
Et quant aucun loeuf remuoit
Toute celle cite trembloit
Et quant plus fort le mouuoit on
Tant branloit plus/tout enuiron
Laõ ville/en hault/et plain
La mouſche et le chenal darain
Et la cite/ou loeuf eſtoit
Sont a naples/ou on les voit
Ce dient ceulx qui en ſont venuz
Qui par pluſieurs foiz les ont veuz
En vne cite fiſt faillir
Treſtout le feu/et amortir

Tant que nul auoir nen pouoit
Se la chandelle il nalumoit
Entre les felles dune dame
Qui dun empereur estoit féme
Pource quelle lui fist ennuy
Et nul nen pouoit a autruy
Pour bailler/ains contrainct estoit
Chascun prendre feu/la endroit
Qui ne fut pas plaisant a elle
Ainsi se vengea il dicelle
¶ Ong pont fist en vne eaue profonde
Le plus grant/que onques fut au monde
Ne scay de pierre/ou de fust
Mais nul ouurier/tant subtil fust
Charpentier/macon/naultre ouurier
Ne leussent tant sceu remirer
Quilz eussent sceu par nul facon
Dóner sentence ne raison
En quel point le pont fait estoit
Ne cóment il se soustenoit
Dessoubz/dessus/ne en aucun lieu
Et passoit on par le meillieu
¶ Ong vergier fist/tout cloz entour
Daer seullement/sans autre atour
Ainsi espex cóme vne nue
De terre/moult hault estendue
¶ Deux cierges fist/tousiours ardans
Et vne lampe/et feu dedens
Qui tousiours sans estaindre ardoient
Ne de riens ne diminuoient
Les trois enclopt dessoubz terre
Quon ne les peust trouuer ne querre

Jusques atant quil deust mourir
Ne scay son pourroit recourir
A iceulx/mais qui tant sauroit
Que lui/ceulx ou autres auroit
℣ Plus fist vne teste parlant
Qui lui respondoit promptement
De tout ce quil lui demandoit
Que sur terre aduenir pouoit
A la quelle se conseilla
Dun sien affaire/ou il alla
Mais elle lui dist vne chose
Dont il nentendit pas la glose
Cest que sil gardoit bien la teste
Destourbier/nauroit/ne moleste
Et lors sen alla seurement
Mais le soleil qui chaleur rent
Enquoy pas bien il ne pensa
Le cerueau tant lui eschauffa
Que maladie le surprint
Dequoy mourir il lui couint
Et se bien eust interprete
Le dit qui lui fut recite
Par lad teste darain
De son cas eust este certain
Et ne lui en feust pas mesdit
Mais tout au contraire entendit
Non pensant quelle lui parlast
Que feust la siene quil gardast
Mais il se pensa que ce fust
Delle seulle/qui garder deust
℣ Il ordona deuant sa mort
Que de son corps feust fait transport

Hors du pays pour lin humer
En vng chasteau pres de la mer
Que lon dit estre en vne ville
Qui est assise vers secille
Ou sont encor les os de lui
Quon garde mieulx que ceulx dautruy
Lesquelz autresfoiz on leuoit
Hault en lair/et les remuoit
Dont la mer enfloit promptement
Denant au chasteau vistement
Et quant plus hault on les leuoit
De tant plus fort la mer croissoit
Et les gens du chasteau noyast
Se bas on ne les reualast
Quant retournez on les auoit
En leur lieu/la mer declinoit
Retournant côme estoit deuant
Et ce a lon esprouue souuent
Encor ont ilz ceste vertu
Ainsi que ont dit/ceulx qui lont veu
¶ Subtil fut virgille et bien saige
Et voult prouuer tout le langaige
Des clergies de tout son pouoir
Tant côme plus en peut sauoir
Il fut de petite estature
Le col court vng peu par nature
Et alloit la teste baissant
Tousiours en terre regardant
Maintes merueilles increables
Fist/que les gens tenoient pour fables
Quant raconter ilz les oyoient
Car penser ne croire pouoient

Que telz choses se peuslent faire
Pour ce quil ignozoient laffaire
Aucuns quant telz merueilles oyent
Et dautres que aucunesfoiz voyent
Ou riens nentendent/tantoschdient
Com gens qui de legier meldient
Que telles euures et telz faiz
Sout par art de lénemy faiz
Mais sil entendoient la maniere
Ilz la trouueroient bien legiere
Et congnoistroient que par nature
Telz euures peuuent prendze facture
Mais ce quilz nentendent la chose
Leur en fait faire telle glose
Et mespzisent telle science
Dont ilz nont point dexperience
¶ Qui bien astronomie sauroit
Il nest riens quen ce monde soit
Dont on ne peut rendze raison
Et mainte chose en feroit on
Qui seroit de grant impoztance
Tel pouoir a/ceste science
Bien est vzay que qui en vouldzoit
Mal vser/faire le pourroit
Car il nest si bône science
Ne de si tresgrande impoztance
Dont on ne peust bien abuser
Se mal on en vouloit vser
¶ Dieu ne fist onques euuangille
Que a mauuais sens et inutille
On nappliquast bien son vouloit
Car chose nest si vzaye soit

Que lon ne peust bien topiquer
A mauuais sens et appliquer
Qui ace trauailler vouldroit
Mais verite len reprendroit
Maistrise nest pas de mal faire
Lôme se peut bien a mal traire
Ou a bien/sil en a vouloir
De lun et lautre a le pouoir
Se bien fait/il ensuit la trace
De dieu/dont il acquiert la grace
Et se en icelle perseuere
Exempt est dinfernal misere
La science na point de gens
Ennemys/que les ignorans
Et nest nulle art qui ne soit bonne
De sauoir/se lôme se y dône
Mais que chose enuers dieu ne face
Dont il en peust perdre sa grace
Lon scet tout par astronomie
Fors ce que dieu ne permect mye
Et vault mienlx icelle sauoir
Que autre/qui ne tend que a lauoir
Car qui bien sauoir la pourroit
En terre auroit ce quil vouldroit
Et iamais ne lui fauldroit riens
Quil neust tousiours beaucoup de biens
Mais aucuns sont qui nont chaloir
Sinon côme ilz pourront sauoir
Trouuer le chemin et la voye
Damasser plante de mônoye
Dont iamais ilz nont souffisance
Et ne leur chault dautre science

Et pour ce quon la tient si chiere
Nous parlerons de la maniere
Côme premier on la voulut
Establir/et pourquoy ce fut
Parquoy qui le bouldra sauoir
Jcy apres le pourra veoir

CÔme mônoye fut establie.

Onnoye fut doncq ordônee
Establie/et premier trouuee
Car au monde point nen auoit
Ne largent on ne congnoissoit
Mais viuoit on par changemens
Lun enuers lautre de leurs biens
Et celui qui du ble nauoit
Se vin ou autre bien bailloit
A vng autre/qui en eust eu
Il eust este de ble pourueu
Et de tous biens/ainsi faisoient
Lun enuers lautre/et les changoient
Quant les philozophes ce virent
Jlz firent tant quilz obtenirent
Vers les seigneurs que faire on deust
Vne chose legiere/que peust
Chascun auecques soy porter
De laquelle il peust achapter
Tout ce que besoing a lui feust
Car possible nestoit quon peust
La force auoir ne le pouoir
Dauec soy porter son auoir
Ne sa viande/ne son viure
Dont ailleurs lui côuenoit viure

Uideâtnr doctores
ciuiles in. l. s. ff. de
côtra.empti.z vêdi.
et de vete. numis
potest.per totû.li.xj

n

Lors propoferent de faire
Vne chofe bien neccellaire
Qui par tous lieux cõmune fuft
Et qui valeur/et fa mife euft
Pour plus aifeement fauoir faire
Lun vers lautre chafcun affaire
Pour ce eftablirent la mõnoye
Qui fuft cõmune en toute voye
Dargent/petite/et toute ronde
Pour mieulx traffiquer par le monde
Et pour ce fut dicte mõnoye
Pour les gens mener par la voye
Du dadminiftrer/quautant vault
Ce que pour viure a lõme fault
Monos en grec/veult dire autant
Cõme vne chofe feullement
Car lors il nen eftoit que dune
Qui par le monde eftoit cõmune
Ores chafcun fait fa mõnoye
Mais en ce plus on fe defuoye
Que fi dune feulle ne feuft
Qui fa mife par tous lieux euft
Ceulx qui premier la firent faire
Congneurent bien qne neccellaire
Neftoit pas/ne point de befoing
Quil en y euft de plus dun coing
Ne den faire de plufieurs fortes
Qui feullent maindres ne plus fortes
Parquoy petite leftablirent
Et legiere faire la firent
Pour plus aifeement la porter
Ou lon la vouldroit tranfporter

Confiderans que mieulx vauldroit
Quant en tel point faicte feroit,
Car la mõnoye prifee neft
Que pour largent qui dedens eft
Et quant elle en feroit priuee
Nullement feroit extimee
De cecy vous fouffife atant
Plus nen dirons pour maintenant.

    ¶ Côme les philozophes alloient
    par le monde pour aprendre.

Infi pour la mõnoye alloient
Par le monde/ceulx qui vouloyët
A leur vouloir/et a leur guyfe
feuft en voyage/ou marchandife

Jhero'. in epfa ad
paulinũ prefbiterũ.
Et philoftrat' de vi
ta appolonij phi.

Dont furent plufieurs philozophes
De grandes et groffes eftoffes
Que pour au vray fauoir enquerre
Des chofes du ciel et de terre
Voulurent aller par terre et mer
Pour mieulx les fauoir exprimer
Et ne fe repofoient pas tant
Côme plufieurs font maintenant
Qui de riens fauoir cure nont
Ne nul bien nayment ne ne font
Fors pour auoir le loz du monde
Mais ceulx alloient par mer profonde
Et par terre/amont/et aual
Pour mieulx congnoiftre bien et mal
Dont grans trauaulx ilz fupporterent
Et grandes peines endurerent
Ceulx de prefent nont le chaloir

                        n iij

Que de hōneur et richesse auoir
En ce monde/qui si tost fault
Mieulx leur vauldroit penser en hault
Mais qui de terre est/il y tend
Et qui de dieu est/dieu lactend

Johannes.iij.

Ainsi que leuuangille exprime
Dont ilz ne font aucune extime
Les philozophes qui bien sceurent
Ceste chose/plus cher ilz eurent
Souffrir malaise/pour aprendre
Que les hōneurs de terre actendre
Car trop mieulx aymoient les clergies
Quedu monde les seigneuries
Platon qui fut vng puissant maistre
Dathenes delaissa son estre
Mesprisant telle renōmee
Et alla par mainte contree
Voulant plus tost grant peine auoir
Pour aprendre et enquerir voir
Que richesse ne seigneurie
Auoir au monde/ne maistrie
Pour non dire chose incertaine
Ne que appeter gloire mondaine
Appollonius delaissa
Tout son auoir et ne cessa
Daller par pays pour aprēdre
Voulant mieulx ascience tendre
Que dauoir richesses mondaines
Qui sont transitoires et vaines
Et cōme il alloit voyageant
Il fut prins/et vendu souuent
Mais quelque peine quil soustint

Ne lui challoit/mais quil aprint
Et tant sercha de lieu en lieu
Pour congnoistre le monde et dieu
Que plus cher tint que nul treloz
Quil vit assis en trosne doz
Vng philozophe qui monstroit
Ses disciples et enseignoit
De nature/et de bones meurs
Afin dy esleuer leurs cueurs
Plus leur monstroit par raisons belles
Le cours des iours et des estoilles
Et leur bailloit signiffance
Que cestoit que de sapience
Tant alla il par maint chemin
Quil trouua la table doz fin
Qui fut de si grant renomee
Et table du soleil clamee
Ou tout le monde fut pourtraict
Enquoy vit/et aprint maint traict
Et choses dignes de memoire
Ainsi que recite listoire
Tant alla par terres estranges
Quil passa le fleuue de ganges
Et toute ynde iusque ala fin
Et brief il fist tant de chemin
Que par la plus part ambula
De toute la terre et alla
Mais ou quil fust tousiours trouuoit
Choses/ou aprendre pouoit
Et tant sceut de philozophie
Quil eut esprit de prophetie
Qui de ses faiz vouldra sauoir

plus largement si voise veoir
Philostratus/qui par son liure
Les a voulu au long descripre
℄Alexandre quon dit le grant
Qui fut roy tresriche et puissant
Voulu aussi grant peine prendre
Pour clergie et science aprendre
℄Virgille en mainte terre fut
Pour aprendre tout ce quil sceut
℄Tholomee le roy degipte
Qui science neut pas petite
Maintes contrees par mer et terre
Voult passer/pour icelle querre
Et tant eut il dexperience
Qui a escript la contenance
Du monde/et de ses regions
Côme en ses tables nous lisons
℄Sainct pol qui de science eut tant
De sainctite pareillement
Voulut maintes regions veoir
Pour tousiours aprendre et sauoir
℄Sainct brandin beaucop chemina
Par terre et mer et ne fina
Daller/et par lieux dangereux
Pour tousiours aprendre tant mieulx
℄Tant que en vne ille descendit
En la quelle vit et oyt
Aucuns oyseaux qui lui parloient
Auquelz demanda quilz disoient
Par lesquelz lui fut respondu
Que iudas par qui fut vendu
Dieu/cent foiz tourmente estoit

Le iour/ne mourrir ne pouoit
Plusieurs autres merueilles vit
Côme en sa vie est fait recit
℄ Maints autres qui moult de bien sceurêt
Sercherent le monde/ou quilz peurent
Sans nulle crainte auoir de rien
Pour acquerir science et bien
Ne vouldoient chose si tost croire
Que premier ne trouuassent voire
Ne ce que leurs liures disoient
Iusques tant que prouue lauoient
Pour mieulx dieu congnoistre et amer
Et alloient par terre et par mer
Tant que de tout enquis auoient
Et puis apres sen retournoient
Aleurs estudes/pour tousiours
Y aprendre/et finer leurs iours
Car tant philozophie aymerent
Que tout leurs temps y employerent
℄ Et pource que delle souuent
Iay parle/fault que maintenant
Ie vous declaire/et que vous die
Ce que cest/que philozophie
Qui baille de dieu congnoissance
Et fait congnoistre sa puissance.

℄ Quelle chose est philozophie
et de la response platon.

Hilozophie donques est
Sauoir congnoistre ce que cest
Que de chose humaine et diuine
Et aquoy chascune est encline

Uincêtius in specu
lo doctrinali.li. s. c.
xiij.cû sequentibus
capitulis.

n iiij

Aussi de soy mesmes congnoistre
Quel on est/et quel on doit estre
Pour enuers dieu mieulx se adōner
Et son cueur lui habandōner
Qui bien se congnoist et sa vie
Scet la vraye philozophie
Car ceulx bons philozophes sont
Qui deulz droicte congnoissance ont
Dont a platon fut par aucun
Vne foiz dit/deuant chascun
Telles parolles/ou semblables
Dignes destre icy recitables
¶ Sire platon qui tant sauez
Qui tout vostre temps mis auez
En estudier/et aprendre
Quel bien nous ferez vous entendre
Dictes nous en quelque bon mot
Lors platon/qui pas nestoit sot
Mais plus de science en lui eut
Que en philozophe que onques fut
Respondit/cōme acueur dolent
Que riens nauoit aprins fors tant
Que iour et nuyt il se sentoit
Cōme vng vaisseau qui vuide estoit
Mais les gens qui sont maintenant
Le plus souuent se vont ventant
Que bien sceuent telle clergie
Quilz naprindrent iour de leur vie
Et nentendent non plus que bestes
Telles follies/ont en leurs testes
Et plusieursfoiz maints recitz font
Pardeuant gens/qui grans clers sont

Daucunes choses/dimportance
faignans den auoir congnoissance
Afin destre a saiges tenuz
Mais quant les clercs les ont congneuz
Ilz les tiénent pour ydiotz
Et pour gens ignares et sotz
Ainsi sont deceuz telles gens
Qui sont de science indigens
Mais cure nont de riens sauoir
Fors seullement que gloire auoir
Et bien mondain/quilz tiénent cher
Autre bien ne veullent sercher
Mieulx leur vauldroit science apréndre
Qui tout bien leur feroit entendre
Ainsi que les saiges faisoient
Qui si peu ce siecle prisoient
Que vser vouldrent toute leur vie
Pour aprendre philozophie
Enquoy toussiours sestudierent
Et leurs corps bien fort trauaillerent
Pour adrecer/et pour actraire
Eulx/et les autres/a bien faire
Et achascun ilz enseignoient
Le mestier que aprendre vouloient
¶ La mōnoye fut establie
Cōme est dit/par philozophie
Mais ordōnee ne fut pas
Pour tresor/ne pour faire amas
Ainsi que lon fait maintenant
Mais pour viure tant seullement
Cōme auons desia deuant dit
Plusaplain/et mis par escript

Aussi fut par philozophie
Retrouuee lastronomie
Que tholomee tant prisa
Car si bien la estudia
Durant son temps par tant de iours
Quil sceut et prouua tout le cours
Tant du ciel/côme des estoilles
Et la forme et grandeur dicelles
Dont auons parle cy deuant
Si dirons doze senauant
La grandeur de la terre toute
Du ciel/et du soleil sans doubte
Des estoilles/et de la lune
Qui nest pas chose atous cômune
Selon que le roy tholomee
Jusque a labisme a mesuree
Ainsi que escript/a la facon
En vng sien liure qui a nom
Almagiste/qui est haulte euure
Vous ozrez ce quil en descueuure
Et que maints autres ont trouue
Apres lui/et bien esprouue
Par son liure/ou prindzent regart
Car dedens il enseigne lart.

⫶ Combien la terre a de long t de
circuit et despesseur parmy.

Uideătur libri tho-
lomei. Et vincētius
in speculo naturali
li. xv. t. li. vj. i pnci.

Es philozophes par leurs ars
Mesurerent de toutes pars
De tout le monde la grandeur
Du hault tăt quen sa profondeur
Jusque et au dessus des estoilles

Pour mieulx sauoir au bray dicelles
Congnoistre la forme et mesure
Et aussi leur droicte nature
Mais voulurent premierement
Mesurer tout entierement
La terre autour/pour mieulx sauoir
Quelle grandeur pouoit auoir
Et quant mesuree icelle eurent
Ilz virent sceurent et congnurent
Quelle sa contenance estoit
Et quelle grandeur elle auoit
Qui se monte/ainsi que ientens
Vingt mille milles et sept cens
Et encor vingt huit milles plus
Dont le mille selon leur vs
Contient mil pas/dont le pas tient
Cinq piedz/et chascun pied contient
Douze poulcees en sa longueur
Tant a la terre de grandeur
Et pour entendre la mesure
Qui circuiroit dune ceinture
La terre/et enuironeroit
Et puis apres on estendroit
La ceinture tout le long delle
Lors qui proit le long dicelle
On la trouueroit sans redicte
De la grandeur dessus escripte
En apres carculer voulurent
Tant veritablement quilz peurent
Combien la terre a despesseur
Pour en faire recit plus seur
Faisant leur preuue tout ainsi

Que silz la partissent parmy
Et quant leur carcule eurent fait
Ilz trouuerent que par effect
Elle auoit despesseur dedens
Cinq mille milles et cinq cens
Et par semblable figure
Qui droicte est selon nature
Ilz mesurerent droictement
Le hault de tout le firmament
Car ne sceurent ailleurs ou prendre
Plus grant mesure pour comprendre
La grandeur de toutes les choses
Qui dedens le ciel sont encloses.

⸿Combien la lune et le soleil contient
de grādeur & de haulteur endroit soy.

Uincētius in specu‑
lo naurali. li. xv. c.
liij Et idē eodē. li. c.
xx. et. xxvj.

A terre premier compasserent
Puis les estoilles mesurerent
Et planetes et firmament
Et en apres consequēment
Houldrent en oultre mesurer
La lune et sa grandeur prouuer
Et trouuerent que tout le corps
De la terre dedens et hors
Qui fut leur mesure cōmune
Est plus grant/que cil de la lune
Uingt et neuf foiz autant et plus
Et la lune est de terre enius
Distante/sans y faillir mye
Uingt et quatre foiz et demye
Et cinq parties plus ie suis seur
Que la terre na despesseur

De tant est la lune distant
De terre/et la haultesse grant
Aussi du soleil regarderent
Et par vraye raison prouuerent
Quil est plus grant la sus assis
De cent foiz et soixante six
Que la terre/cest chose voire
Qui ne le scet ne le peut croire
Mais il est prouue par maistrie
Selon lart de geometrie
Enquoy plusieurs ont carcule
Et maintesfoiz specule
Pour veoir sil estoit vray ou non
Matz ilz trouuerent par raison
Que telle estoit celle grandeur
Et pareillement la haulteur
Et moy qui cest escript en fiz
Mon entente et mon temps y mis
Pour ce que men esmerueilloye
Et grande doubte sen auoye
Mais ie congnen appertement
Quant sen eu fait carculement
Que le soleil estoit aincois
Plus grant cent soixante six foiz
Et les trois parties vingtiesmes
Que la terre nest en soy mesmes
Côme les autres ont escript
Desquelz ie conferme le dict
Ne riens mis en escript en eusse
Se la verite nen congneusse
℃ Et de terre iusque a lui/a/
Côme tholomee prouua

Cinq cens quatre vingtz cinq foiz tant
Que lespesseur de terre est grant
Et fault bien dire pour certain
Que le chemin est bien loingtain
Veu que le soleil est si grant
Cóme auons declaire deuant
Et cy dessus mis par escript
Et quil nous semble tant petit

    ¶ De la grãdeur ⁊ haulteur des estoille
    Du nombre dicelles ⁊ des ymages
    quelles forment ou ciel.

Uincenti⁹ vbi supra
proxime.

Es estoilles du firmament
Dont tant ya vous dy briefment
Que toutes sont dune couleur
Mais nõ pas de mesme grãdeur
Et faudroit largement escripre
Qui de chascune vouldroit dire
La grandeur/dont nous en tairons
Mais aumoins taut vous en dirons
Quil nen est point de si petite
Si bien y puisse elle estre eslite
Qui ne soit plus grande sans doubte
Que nest leaue/ne la terre toute
Mais nulle ne sappert si grant
Que le soleil/ne si luysant
Qui trestoutes les enlumine
Par sa clarte/qui tant est fine
Et a de terre/iusque amont
Au ciel/ou les estoilles sont
Deux mil cinquante cinq foiz tant
Que lespesseur de terre est grant

Et qui si bien pourroit compter
Sans nullement se mescompter
Il trouueroit le nombre et somme
Quants poulcees ya de mains dôme
Quants pas/quants piedz/z quáte lieue
Et quantes milles destendue
Du quantes iournees il ya
Iusque au ciel/mais tant en ya
Que se vng hôme y pouoit aller
Droictement sans point sarrester
Et quil allast par chascun iour
Vingt et cinq milles sans seiour
Plus tost seroit passe le temps
De sept mil cent et cinquante ans
Et sept ans et demy auec
Deuant quil fust iusques illec
Ne que aux estoilles aduenist
Et se adam que premier dieu fist
Eust cômance dy estre alle
Des leure que dieu leut cree
Vingt cinq milles faisant par iour
Nen feust pas encor a seiour
Mais toussours chemineroit
Et encor au bout nen seroit
Ou se vne pierre bien grant
Depuis la/venoit bas tombant
Et que cent ans a tomber mist
Iusque a terre/fauldroit que fist
Par chûne heure du iour
Sans y faire autre seiour
Et mieulx nombrer ne le pourrois
Soixante mille et vingt et trois

Cinq cens quatre vingtz cinq foiz tant
Que lespesseur de terre est grant
Et fault bien dire pour certain
Que le chemin est bien loingtain
Veu que le soleil est si grant
Côme auons declaire deuant
Et cy dessus mis par escript
Et quil nous semble tant petit

      ¶ De la grãdeur ⁊ haulteur des estoille
      Du nombre dicelles ⁊ des ymages
      quelles forment ou ciel.

Uincenti⁹ vbi supra
proxime.

Es estoilles du firmament
Dont tant y a vous dy briefment
Que toutes sont dune couleur
Mais nõ pas de mesme grãdeur
Et faudroit largement escripre
Qui de chascune vouldroit dire
La grandeur/dont nous en tairons
Mais aumoins taut vous en dirons
Quil nen est point de si petite
Si bien y puisse elle estre eslite
Qui ne soit plus grande sans doubte
Que nest leaue/ne la terre toute
Mais nulle ne sappert si grant
Que le soleil/ne si luysant
Qui trestoutes les enlumine
Par sa clarte/qui tant est fine
Et a de terre/iusque amont
Au ciel/ou les estoilles sont
Deux mil cinquante cinq foiz tant
Que lespesseur de terre est grant

Et qui si bien pourroit compter
Sans nullement se mescompter
Il trouueroit le nombre et somme
Quants poulcees y a de mains dôme
Quants pas/quants piedz/z quáte lieue
Et quantes milles destendue
Du quantes iournees il y a
Iusque au ciel/mais tant en ya
Que se vng hôme y pouoit aller
Droictement sans point sarrester
Et quil allast par chascun iour
Vingt et cinq milles sans seiour
Plus tost seroit passe le temps
De sept mil cent et cinquante ans
Et sept ans et demy auec
Deuant quil fust iusques illec
Ne que aux estoilles aduenist
Et se adam que premier dieu sist
Eust cômance dy estre alle
Des leure que dieu leut cree
Vingt cinq milles faisant par iour
Nen feust pas encor a seiour
Mais tousiours chemineroit
Et encor au bout nen seroit
Du se vne pierre bien grant
Depuis la/venoit bas tombant
Et que cent ans a tomber mist
Iusque a terre/fauldroit que sist
Par chûne heure du iour
Sans y faire autre seiour
Et mieulx nombrer ne le pourrois
Soixante mille et vingt et trois

Et demye lieue doultre plus
Premier que a terre fust ca ius
℧Cil qui ce liure a compille
La lui mesmes bien carcule
Et prouue tout premierement
Quil lait voulu mectre en auant
℧Qui veult donques peut bien entēdre
Se vne pierre pourroit descendre
En vne heure tant cōme il pose
Je nen puis faire meilleur glose
℧Et quant au nombre des estoilles
Que tholomee fist dicelles
Selon quelles sont declairees
En son almagiste et nōmees
Se montent/comprins les planetes
Mil et vingt et neuf toutes nectes
Mais bien plus y en peut auoir
Non pas que lon les puisse veoir
Ne bien les choisir clairement
Ne aussi congnoistre appertement
Plus nen y pourroit on compter
Tant sceust on en hault lieu monter
Fors par linstrument bien gentil
Que tholomee fist subtil
Parquoy on les compte ꝛ congnoist
Et chascune ou situee est
Et combien ya de distance
De lune a lautre sans faillance
Aussi par vng autre instrument
Il fait auoir pareillement
De leurs ymaiges congnoissance
De leur forme et de leur semblance

¶ Les estoilles deuant nômeés
Sont ou ciel toutes figureés
Et compassees par leurs ymaiges
Et toutes ont diuers estaiges
Dont chascune a sa force et nom
Parquoy congnoistre les peut on
Mais en ya principalment
Quarante six ou firmament
Don en ya douze plus dignes
Quon appelle les douze signes
Qui font vng cercle tout entour
Ou les planetes font leur tour
Et combien que moult loing soyons
Du firmament/ainsi que auons
Dit/et declaire/cy deuant
Encor est de beaucop plus grant
Le haulteur(et ainsi le dis)
Dicy/iusques en paradis
Laquelle est incomprehensibile
A nous/et non intelligible
Toutesfoiz lame bieneuree
En moins dune heure y est allee
Et pource que du firmament
Traicter voulons consequémêt
De la grandeur qui est subtille
A entendre/et moult difficille
Toutesfoiz nous vous en dirons
Tout ce que pourrons et saurons
¶ De la grâdeur du firmamét/z du ciel qui est

E la terre pl⁹grâde estoit /dessus
Et cent mil foiz tant contenoit
Côme elle fait/et quil y eust
Cét mil foiz pl⁹grâs q onqs neust

Uideat cronica mô
di in principio sup
operibus sex dierû.

o

Et que chascun fust si puissant
Que engendrer peust iournellement
Sans cesser/iusque a cent mil ans
Gens aussi grans côme geans
Et que chascun eust son hostel
Si grant/quonques nen fut de tel
Bois/riuieres/fours/et moulins
Champs z prez/vignes/et iardins
Chascun tout entour sa maison
A grande habondance et foison
Si que chascun y peust tenir
Cent mesgnies/pour a soy seruir
Et chascun de celle mesgnie
Tint dix autres pour compaignie
Et pour pris grant pour eulx manoir
Si pourroient ilz bien tous cheuoir
Dedens/et soubz le firmament
Encor ouroit de demourant
De vuide/plus que nen tiendroient
Trestous eulx z noccuperoient
Parquoy chascun peut bien sauoir
Que moult fort grant est le pouoir
De dieu/qui ainsi a peu faire
Vng si grant/et si hault affaire
Côme les cieulx/et le soleil
De tel ouurier nest le pareil
Qui scet faire si nobles choses
Que nous voyons du ciel encloses
Si le doit bien chascun amer
Et de bon cueur le reclamer
En le seruant et honorant
De tout son cueur entierement
Dire fault bien que moult bel est

Le dessus/quant ce qui est
De dessoubz/semble si gentil
Si bien parfaict/et si subtil
Et ce de dessus est plus grant
Que ce dessoubz/cent mil foiz tant
Et plus que nul penser pourroit
Ne que nombrer on ne sauroit
Car cest chose sans nul termine
Qui nulle part ne se define
Et ne puis pas croire nentendre
Que parsonne sceust bien comprendre
Ce qui est soubz le firmament
Ne quil peust estre bonement
Du tout rempli/pour riens qui soit
Se dieu mesmes ne le faisoit
¶ Autre chose nous nen dirons
Mais dun autre ciel parlerons
Qui est encores audessus
De lui/et beaucop plus ensus
Ou les estoilles nullement
Se meuuent/mais sout fermement
Sans se pouoir point remuer
En autre lieu/ne se changer
Le ciel(ainsi que puis entendre)
Est celui que lon dit nous rendre
Lasuree couleur/que lon voit
Mais que lair bien pur et clair soit
Et est de si grande atrempance
Quil ne peut auoir violance
Lequel enclost le firmament
Or vous dirons appertement
Que cest quon peut sur cil entendre
Combien quil ne se peut comprendre

Ne prouuer sil est vray ou non
Par nulle demonstration
Côme on fait dece quon peut veoir
Car sens dôme nya pouoir
Mais toutesfoiz vous en dirons
Ce quen aucuns liures trouuons
Que philozophes imposerent
Esquelz de la chose traicterent

¶ Du ciel cristalin z du ciel empirin.

Cronica mondi vbi
supra pxime.

Essus ce ciel dont nous parlons
Vng autre encoz y en trouuons
Qui tout autour le circuist
Côme dieu le crea et fist
Blanc/et noble/clair et moult fin
Que lon appelle cristallin
Dessus lequel dauantaige est
Vng autre ciel/qui plus bel est
Côme lescripture veult dire
Quon appelle le ciel dempire
Qui est plain de toute beaulte
Plus que autre que ayons recite
Par tout plus cler/et plus bel est
Sept foiz plus/que le soleil nest
Dicelluy cheurent tout bas ius
Les faulx angelz dozgueil confus
Qui parauant tous nectz estoient
Et en eulx macule nauoient
En ce ciel sont les bieneurez
De toutes ioyes remunerez.

¶ Du celestiel paradis.

Augu.li.xxij. de ci=
uitate dei.
S.tho. super psay.
c.xxxiij.in fine.
Dauid psal.xxiij.

E paradis voulez entendze
Par cecy le pourrez aprendze
Cest vng lieu si tresprecieux

Si tresnoble et delicieux
Questre ny peut pour verite
Que tout bien/et toute beaute
Cest de la trinite le lieu
Quen vnite/est vng seul dieu
Et la siet en sa maieste
Côme il nous a manifeste
Et nya entendement dôme
Qui peut comprendre la sôme
Des biens et des ioyes qui y sont
Et que tous les sauuez y ont
Car en quelque endroit que dieu soit
En ce lieu chascun deulx le voit
Et est par tous lieux si cômun
Quil peut estre veu dun chascun
Qui enuers lui desserui la
Il voit tout/deca/et dela
Partout est/et partout regarde
Côme celui qui tous biens garde
Dont exemple prendre pouez
Par aucun/quant parler loyez
Du quel se oyt la parolle toute
Par chascun qui parler lescoute
Toute lentendent plusieurs gens
Ensemble/et en mesmes instans
Ainsi fault entendre de dieu
Quil est egalment en tout lieu
Ainsi que la clarte du feu
Enlumine vne chose et autre
Et aussi tost lune que lautre
Quelque chose que alentour soit
De lui/la resplendeur recoit
Quant ces choses ont telz vertuz

Bien en doit encor auoir plus
Celui qui tout fit et crea
Et qui tous biens dedens lui a
Il est en paradis par tout
Car il est le maistre de tout
En paradis sont tous les angelz
Tous les saincts et tous les archangelz
Qui trestous pardeuant lui chantent
Et gloire et louange lui rendent
Et nest celui qui peust entendre
Ne sens dôme qui sceust comprendre
Quest paradis/ne la grant ioye
Que y ont les saincts/cui dieu loctroye
Et nest hôme en tout le monde
Tant soit de science profonde
Le plus subtil/le mieulx parlant
Et eust il lengin aussi grant
Quonques hôme eut/nauoir sauroit
Ne quonques fut/ne estre pourroit
Se bien mil langues il eust
Qui declairer ne dire sceust
La tierce part des ioyes que aura
Le maindre hôme/qui la sera
Malheureux doncq sera celui
Qui de ce lieu sera bány
Et na celui en paradis
Qui le long dun deprofundis
Seullement/hors en voulsist estre
Pour de tout le monde estre maistre
La est la vie pardurable
Et toute chose y est estable
Sans fin/qui iamais ne fauldra
Ne iamais mort ny habondra

Mais y est on sans point decesse
Tousiours en ioye et en liesse
Et pour vous sauoir monstrer mieulx
En quelle sorte et en quelz lieux
Paradis est constitue
Et enfer aussi situe
A regarder mecte sa cure
Ceste subsequente figure.

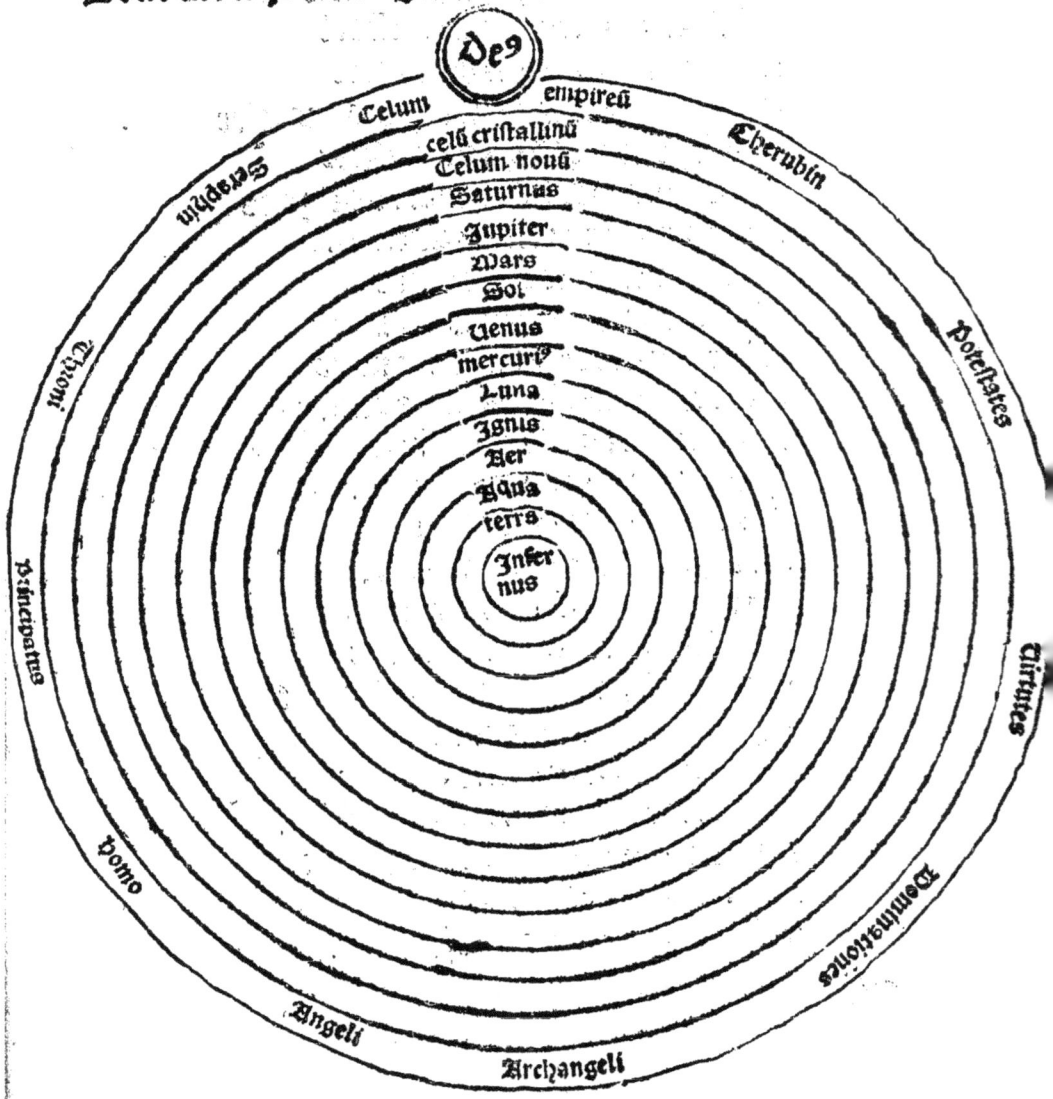

Deꝰ

Celum empireũ

celũ cristallinũ
Celum nouũ
Saturnus
Jupiter
Mars
Sol
Uenus
mercuriꝰ
Luna
Ignis
Aer
Aqua
terra
Infer
nus

Seraphin
Cherubin
Throni
Potestates
Principatus
Uirtutes
Domo
Dominationes
Angeli
Archangeli

Cy finerons maintenant
Le liure/ou vous voyez cõmant
dieu premier le monde forma
Et pourquoy lõme tant ama
Quil le forma a sa semblance
De bien et mal/ayant puissance
¶ Apres pourquoy il le fist tel
Quil peust faire peche mortel
¶ Puis fait cõme lon trouua premier
Les sept ars/et de leur mestier
¶ Plus des trois manieres de gens
Quon posa es temps anciens
¶ Cõme clergie est remuee
Qui ores est en france trouue
¶ De nature cõment elle euure
Diuersement en chascune euure
Que cest/et quelle creature
¶ Apres traicte de la facture
Du monde/et la diuision
Des quatre elemens enuiron
Qui se treuuent au firmament
¶ Cõme la terre proprement
Du meillieu diceulx se maintient
Qnelle rondeur elle contient
¶ En apres il declaire et mect
Cõme le soleil son tour faict
¶ Plus fait mencion toute necte
Du tour de toute autre planete
Toutes sont les choses susdictes
En la premiere part escriptes

La seconde fait mencion
De terre labitacion
Et en icelle est designee
Combien en ya dabitee
De la mape monde lestre
Premier de paradis terrestre
Puis dynde et des diuerses gens
De plusieurs bestes et serpens
Des oyseaux et dancuns poissons
Et des choses aussi que auons
Du enfer siet le doloreux
Et de la peine aux malheureux
Qui leans sont mis en grant tourment
Apres du second element
Cest leaue/des fleuues et fontaines
Froides/chauldes/males et saines
Qui sont en diuerses contrees
Comme dessus sont racomptees
Côme la terre tremble/et sesmeut
Puis de lair/et côme il gresle et pleut
Des tônerres et des tempestes
De lair pur et des sept planetes
Du feu et estoilles cheans
Côme bissexte est en quatre ans
Du firmament et de son tour
Et des estoilles tout entour
En la tierce est traicte du cours
Qui se fait par nuytz et par iours
De la lune aussi du soleil
Qui nont pas leur clarte pareil
Côme ilz perdent leur resplendeur
Leurdicte clarte et lueur

Des eclipses qui leur aduienent
Et des vertuz quelles retienent
De lesclipse aussi qui se fist
En la passion ihesucrist
Laquelle sainct denis congneut
Pourquoy tantost conuerti fut
De la vertu du firmament
Des estoilles pareillement
Côme fut mesure le monde
Et le ciel/et la terre ronde
De tholomee et de son sens
Dadam aussi/et dautres gens
Lôment clergie fut sauuee
Par le deluge/t retrouuee
Des gens qui furent de bon sens
Des faiz et des merueilles grans
Que fist virgille par clergie
Pourquoy fut mônoye establie
Des philozophes qui alloient
Pour aprendre ce quilz deuoient
Que cest que de philozophie
Que platon a bien recueillie
Et combien est la terre grant
Lune et soleil pareillement
Des estoilles et leurs estaiges
De leur nombre t de leurs ymaiges
Du hault/du grant/du firmament
Du ciel qui couleur dasur rent
Du ciel empire et cristalin
Et puis recite en la parfin
De paradis et de son estre
Ou nous puissions tous dieu côgnoistre

De sa gloire et de sa beaute
De tout ce nous auons traicte
Et rendu certaines raisons
Au plus brief que sceu nous auons
Afin quil ne soit ennuyeux
A lire/ne fastidieux
En priant tous ceulx qui ce liure
Auront agre de veoir et lire
Que se faulte ou erreur y treuuent
Lamender et corriger vueillent
En excusant le sens petit
De cil qui la fait et escript
Qui lacheua et mist afin
Atout son rude et gros engin
En trauaillant son gros ceruean
Dedens la maison et chasteau
Renôme de mainte personne
Que lon dit et nôme diuône
Dont le sieur est par droicte voye
Premier president de sauoye
Du lors il estoit a seiour
Ce fut le dixseptiesme iour
De mars/ainsi croire vous plaise
Lan courant mil cinq cens et seize
Atant finist le mirouer du monde
Prions a dieu/en qui tous bien habôde
De bon cueur et de bon vouloir
Que paradis puissons auoir.
                        ❡Amen.

❡Cy finist le Mirouer du mõde. Imprime a.
Geneſue par Maistre Jaques Viuian. Lan
de grace. Mil. CCCCC. t. xvij.

www.ingramcontent.com/pod-product-compliance
Lightning Source LLC
Chambersburg PA
CBHW070619100426
42744CB00006B/536